日本国の正体

「異国の眼」で見た真実の歴史

孫崎享

magosaki ukeru

毎日新聞出版

はじめに

孫子に、**「彼を知り己を知れば百戦殆《あや》ふからず。彼を知らずして己を知れば一勝一負す。彼を知らず己を知らざれば戦ふ毎に必ず殆《あや》ふし」**という言葉がある。

一見あたり前の事に見えて、これが極めて難しい。

自己について判断し、相手について判断することは、次に私たちがとる行動の前提になる。私たちにはもともと、「将来に向かってこうしたい」「こうありたい」という願望がある。だが自分の客観的位置、相手の客観的な位置によっては、自分の願望を実現するのが難しくなってしまう。

そのため、自己の願望を実現できるように、自分の客観的位置であるとか、相手の力を歪めて見るような力が働くのが人間である。こうした誤った判断を避けるうえで、極めて有効な手段は、第三者の評価に耳を傾けることである。

この本でしばしば指摘することになるが、日本の特色は「**①孤立性**」と「**②均一性**」にある。「個」を排する力がどの社会よりも強い。多様性を排する力がどの社会より強い。

そのため、自分とは違った視点の評価に耳を傾ける機会が少なく、それが「自己」の評価や、「相手」の評価を歪めてしまう、という傾向を日本は内蔵している。

考えて見ると、国際的に見れば、日本は特異な存在である。

日本はユーラシア大陸の東の端に位置する島国である。この地政学的特徴によって、中国や朝鮮半島において繰り返し発生した政変は、日本に大きな影響を与えなかった。外国からの侵略は元寇のみであり、これも不成功に終わっている。

日本の歴史上、次に列挙するような大きな圧力が外国からかかった時、日本の対応は総じて稚拙であった。

①元寇
②キリスト教の布教と、鎖国へ繋がる動き
③黒船から開国への動き
④富国強兵後の列強との摩擦
⑤第二次大戦敗戦後の占領体制とその後の対米関係

国際関係が一段と緊密化する中で、国家間の折衝は今後ますます増加するだろう。

その際に判断を誤らないためには、**「彼を知り己を知れば百戦殆《あや》ふからず。彼を知らずして己を知れば一勝一負す。彼を知らず己を知らざれば戦ふ毎に必ず殆《あや》ふし」**という知恵が、これまでのどの時代よりも、今後重要になる。

我々は自己を見る時、第三者の眼が自分を客観的に眺める時に極めて有効であることを知っている。

幸い、世界の様々な人が日本を見て、様々な評価をしている。またそれ以上に幸運なことは、極めて知的な人々がこぞって日本を訪れ、日本について語っていることである。知的好奇心の欠如した人が、「極東」までわざわざ足を運ぶことはなかったのだろう。

本書はそうした外国人たちによる「日本論」を集め、筆者が解説と分析を加えたものである。「外国人による日本人観」を多数集めることで、歴史的にみて日本人が苦手としてきた「自国の能力の客観視」に役立てるのが筆者の願いである。また箸休めの**番外編**として「日本人による外国人観」についても考察している。

日本とは何か、日本人とは何か、という問題については、歴史認識をめぐる論争もあって、近年イデオロギー的な議論に偏っているのではないか、という危惧が筆者にはある。また、引用元を明確にしなかったり、元の資料を改変したりといった、知的手続きの問題が議論をいたずらに複雑化した結果、左右対立ばかりが煽られ、建設的な議論が妨げられているという懸念も強く持っている。

外国人の述べる「日本論」「日本人論」を知ることで、我々自身の自己への認識の客観性、正確性が一段と増すことを筆者は確信している。

なお、わかりやすさを優先し、引用ではなく筆者の要約を使用した項目があるが、通常の引用符ではなく、「・」（ナカグロ）を使用した箇条書きとすることで区別している。

二〇一九年七月
孫崎享

日本国の正体　目次

第五章　鎌倉時代――七〇〇年にわたる武家支配の始まり 108

第九章 明治の社会と文化 248

第一一章　米軍による占領時代　306

第一章　戦略――日本人の器用さと思考力

私たちはしばしば戦略という文字に出合う。だが、そもそも戦略とは何であろうか。

試しに、ウィキペディアで「戦略」を検索すると、「特定の目的を達成するために、長期的視野と複合思考で力や資源を総合的に運用する技術・応用科学」（A）とある。

一方で、私は自分の著書『日本人のための戦略的思考入門』（祥伝社新書）で次のように「戦略」を定義した。

「人、組織が死活的に重要だと思うことに目標を明確に認識する。そしてその実現の道筋を考える。かつ、相手の動きに応じ、自分に最適な道を選択する手段」（B）。

（A）と（B）とどちらが「戦略」の定義としてより核心をついているか、読者諸賢はどうお考えだろうか。

重要なことは、「戦略」の対象とは、自分にとって「死活的重要な問題」であること、であろう。

この「戦略」概念を、システムとして確立したのがマクナマラ（フォード社社長、ケネディ大統領時代の国防長官等を歴任）である。彼の戦略論を経営用語で説明したのが次の例である。

①外部環境の把握（如何なる環境におかれているか、例えば企業の戦略での考慮要因は・消費者要

求・競争状態・技術水準・一般経済・法的規制）
②将来環境の変化の予測
③自己能力、状況の把握（如何なる状況にあるか・保有資源・保有能力・投資状況・投資状況）
④自己の弱みと強みは何かの情勢判断
⑤課題：組織生存のため何が課題かの観点で集積し検討
⑥目標提案
⑦代替戦略提案
⑧戦略比較
⑨目標と戦略の決定
⑩任務別計画提案
⑪計画検討・決定
⑫スケジュール

出典：馬淵良逸著『マクナマラ戦略と経営』（ダイヤモンド社、一九六七年）

私たちが考える「戦略的思考」は、マクナマラの定義のような厳密な条件をクリアしているだろうか。

決められた「地図」を歩む日本人：ベネディクト『菊と刀』

〈(日本人は)行動が末の末まで、あたかも地図のやうに精密にあらかじめ規定されて居る〉

〈人はこの「地図」を信頼した。そしてその「地図」に示されてゐる道を辿る時にのみ安全であった。人はそれを改め、或いはそれに反抗することに於てではなくして、それに従ふことにおいて勇気を示し(た)〉

出典：ルース・ベネディクト著『菊と刀(上)』(社会思想研究会出版部、一九四八年)

解説

ルース・ベネディクト(一八八七―一九四八)は米国の文化人類学者、アメリカ人類学学会会長。著書『菊と刀』は、日本人論として、最も著名なものであろう。

ベネディクトは、コロンビア大学の助教授時代、米国が第二次世界大戦を戦うための助言を得るために招集した学者の一人で、戦争情報局日本班の長であった。彼らの任務には日本を侵略に駆り立てるものは何か、弱点はどこか、如何なる形で説得が行えるか等の考察がある。この任務を基礎に、終戦後、一九四六年、米国で『菊と刀』を出版した。

ベネディクトは「日本人は戦略的な考え方をしない」とは述べていない。しかし、日本人には各々に与えられた「地図」があり、それに従っていれば、「最大の幸福が保護されている」と考え、行動していると指摘しており、実質的に日本人は自ら戦略を考えることはないとしたも同然である。

私たちは何故、決められた道を歩むのか。彼女は、「日本人が詳細な行動の『地図』を好み且つ信頼したのには、一つのもっともな理由があった。体制の中で生きていく保障を得ること、それは人が規則に従う限り必ず保証を与えてくれた」と記述している。ここに日本人は価値を置いてきた。

ベネディクトは「十九世紀後半に徳川幕府が崩壊したときにも、国民のなかで、この『地図』を引き裂いてしまえという意見のグループは一つも存在しなかった」と記している。

また日本の歴史を見ると、一般民衆が政権を転覆し、奪取の行動を起こしたことはないとも指摘している。

米国の大学院生による日本の評価

〈

	戦略1	戦略2	作戦	戦術
英国	5	7	5	4
米国	4	9	8	6
日本	3	2	5	6
ドイツ	7	2	7	7

〉

注：「戦略1」は「第一次大戦から第二次大戦まで」、「戦略2」は「第二次大戦中」を指す
出典：太田文雄著『日本人は戦略・情報に疎いのか』（扶桑出版書房、二〇〇八年）

解説

ジョンズ・ホプキンズ大学高等国際問題研究大学院は国際関係を学ぶ大学院として、最も評価の高い教育機関の一つである。

太田文雄元防衛庁情報本部長は前掲書の中で、同大のクレピネヴィッチ教授が、一〇数名の学生（米軍の佐官クラスを含む）とともに行った、軍事における各国への評価を記載している。

日本を見てみよう。個々の戦場での戦い方を示す「戦術」では、日本は米国と肩を並べ、高い評価を得ている。他方、「戦略」をみると、第一次大戦から第二次大戦のまでの「戦略1」、第二次大戦中の

「戦略2」、いずれも「2」や「3」という低評価で、完全な落第点である。

第二次大戦においては、経済的に約一〇倍の力を持つ米国に対し、真珠湾攻撃を行うという、どう考えても正当化できない行動を日本はとった。「戦略」で日本が極めて低い評価しか得られなかったのは当然である。

第一次大戦から第二次大戦までの間においても、勝ち目のない中国大陸での泥沼の戦闘に自らの選択で入っていった。

「敵と戦う」という任務を負い、最も「戦略」を求められるのが軍事である。その軍事において、日本の「戦略」が国際比較上大きく劣っていれば、他の分野においても当然その影響がなんらかの形で現れてくる、と考えるのが自然であろう。

戦略において劣っているにも関わらず、戦術面では秀でた才能を発揮するのも、日本人特有の傾向であろう。真珠湾攻撃では、米国海軍に対する困難な奇襲攻撃を成功させた。個々の局地戦では日本軍は極めて優秀だった。一方、この局地戦での成功があるが故に、全体の方針を考える「戦略」で劣ることが、しばしば見逃されているのではないか。

真珠湾攻撃は「国家的自殺行為」

〈アメリカ海軍のサミュエル・モリソンは歴史家であるが、日本のこの攻撃を『戦略的愚行』と表現し、当時ワシントンの下院議員だったフィッシュは、真珠湾攻撃を『軍事的そして国家的自殺』だと表現した〉

出典：ジェフリー・レコード著『アメリカはいかにして日本を追い詰めたか』（草思社、二〇一三年）

解説

『アメリカはいかにして日本を追い詰めたか』の著者レコードは米国陸軍大学戦略研究所教授である。

彼は真珠湾攻撃に対し、自著の中で「日本人はどれだけ分の悪い戦いになるか、解っていたのだろうか。彼等は、如何に勝利を収めるかのビジョンがあったのだろうか」等の問を立て、真珠湾攻撃から普遍的教訓を導きだそうとしている。

「現代の国家安全保障に責任を負う者は、一九四一年に日米が太平洋戦争に至った道筋を検証することによって、幾つかの教訓を得ることができる。その教訓は次の七つにまとめることが出来る。

1：恐怖とか誇りといった感情は意思決定上の重要なファクターになる。そうした感情に合理性があるか否かとは関係がない。

2：潜在敵国の文化や歴史についての知識は極めて重要である。
3：相手国への牽制が有効か否かは牽制される側の心理に依存する。
4：戦術よりも戦略が重要である。
5：経済制裁は実際の戦争行為に匹敵しうる。
6：道徳的あるいは精神的に相手よりすぐれているという思い込みは、敵の物理的優位性を過小評価させる。
7：戦争が不可避であると考えると、自らその予言を実行してしまいがちになる

「賢者は愚者に学び、愚者は賢者に学ばず」とか「賢者は歴史に学ぶ」の格言がある。

「日本人は戦略的思考をしない」と言ったキッシンジャー

〈（鄧小平に）「日本はいまだに戦略的な思考はしません。」〉（A）
・彼（キッシンジャー）にとっては日本の外交官は「概念的な思考が不得手」で「けちなソニーのセールスマン」であった（B）

出典：（A）ウィリアム・バー編『キッシンジャー最高機密会話録』（毎日新聞社、一九九九年）
（B）マイケル シャラー著『「日米関係」とは何だったのか』（草思社、二〇〇四年）

解説

キッシンジャーはニクソン政権およびフォード政権期の国家安全保障問題担当大統領補佐官、国務長官を経験し、米国外交に最も影響を与えてきた人物である。

キッシンジャーは中国の周恩来首相とは波長が合った様で、極めて濃密な会談を行っている。その会談録の一つが『キッシンジャー最高機密会話録』（毎日新聞社、一九九九年）であり、（A）の発言を含んでいる。

『周恩来　キッシンジャー　機密会談録』（岩波書店、二〇〇四年）も同様の会談録を収録しており、ここには一九七一年一〇月二二日、第四回周恩来・キッシンジャー会談が記載され、キッシンジャーは」周恩来に次のように述べている。

「日本の視点は偏狭です」

「日本人は、ほかの人々の態度に対する感受性が鋭敏ではありません」

キッシンジャーは内部の会議では日本に対しもっと厳しい表現を使っており、それが前出（B）の発言である。著者マイケル・シャラーはアリゾナ大学歴史学部教授である。

キッシンジャーが日本に対し厳しい見方をしている背景には、「日本に対する私的な恨み」もある。

佐藤栄作首相は、キッシンジャーが仲介した佐藤首相・ニクソン大統領間の「核と繊維の密約」について「密約は存在しない」として無視した。また田中角栄首相はキッシンジャーの依頼を無視して日中国交回復を行なったため、キッシンジャーが激怒した、という経緯があるからだ（キッシンジャーの「対日私恨」については孫崎享著『戦後史の正体』〈創元社、二〇一二年〉を参照）。

「日本式経営に戦略はない」と断言した「経営学の権威」

・日本企業はオペレーション効率において先行していた。だがベスト・プラクティスは、早晩ライバルに模倣されてしまう。

〈継続的改善の積み重ねは、戦略ではない。競合他社の模倣や同じ手法を少し上手に行うことも、戦略とは呼べない…（中略）…戦略の欠如がもたらす危険性は、（日本の）いくつかの代表的な産業事例によって鮮明に例証されている〉

出典：マイケル・E・ポーター著『日本の競争戦略』（ダイヤモンド社、二〇〇〇年）

解説

ハーバード大学教授のポーターは一九八〇年に『競争の戦略』（ダイヤモンド社、一九八二年）を出版し、企業戦略の第一人者の地位を確立した。彼は、この本の中で、企業戦略策定のプロセスを次のように記載している。

「A　企業がいまやりつつあるものは何か。
1　明示的か暗示的かを問わず、現在の戦略は何か。
2　戦略の基礎になっている仮説は何か。
B　企業環境に今何が起こりつつあるか。
1　業界分析：競争に成功する中心的要因及び業界での好機と脅威の主要なものは何か。
2　競争業者分析：既存及び今後予想される競争業者の能力と欠点。業界の今後の動向は何か。
3　社会分析：政府、社会、政治のどんな重要要因が好機或いは脅威をもたらすか。
4　自社の長所と短所：競争業界分析の結果、現在及び将来の競争業者と対比した場合の、自社の長所と短所は何か。
C　企業は今後何をしなければならないか。
1　仮説（現在の戦略の基礎になっている情勢判断）と戦略の点検。
2　どんな戦略がありうるか。
3　ベスト戦略の選択」
日本企業のなかで、ポーター教授の提示する「戦略策定プロセス」を経て「戦略」を検討している企業は、果たしてどれくらいあるだろうか。

「未知領域の地図」を描けない日本の官僚

〈(一九九〇年代には)どの本も、日本はこのまま行けばおそらく二〇一〇年前後には、世界のトップの経済大国たる米国の地位を脅かすことになるだろう、と書いていた〉〈私は何を見逃していたのか。答えは簡単だ。日本の官僚は、…(中略)…イノベーションという未知の領域の地図を描く術は知らなかった。〉

出典：デビッド・サンガー著「失われた二〇年からの脱却」(マッキンゼー・アンド・カンパニー編『日本の未来について話そう』小学館、二〇一一年)

解説

デビット・サンガーは一九六〇年生まれのニューヨーク・タイムズ社記者。サンガーは米国人記者にとって最大の栄誉であるピューリッツァー賞を二度受賞した優秀な記者で、一九九二年から九四年にかけて、支局長として東京に滞在した。一九九五年には日米自動車交渉における「CIAの盗聴」をスクープしている。

彼は、前掲論評で日本が何故競争力を失ったかを分析している。東京支局長当時を振り返って、「意気消沈した米国人やヨーロッパ人向けに、日本現象を解説した本も出た。『ジャパン・アズ・ナンバーワン』『日本／権力構造の謎』『日米逆転―成功と衰退の軌跡』。どの本も、日本はこのまま行けばおそらく二〇一〇年前後には、世界のトップの経済大国たる米国の地位を脅かすことになるだろう、と書いていた」と述懐する。しかしこれらの予言は的中せず、日本は停滞の道を進む。

サンガーは「何故日本が停滞の道を歩んだのか」を考察する。

当時サンガーが通産省を訪問すると、通産官僚は得意げに日本の自動車産業が世界にどう展開しているかを、地図で示した。しかし、「日本の官僚は、イノベーションという未知の領域の地図を描く術は知らなかった」ことに彼は気付く。

日本人は地図が与えられた時、上手に歩む。自動車産業には生産する「自動車」のモデルがある。ソニーが独創性を発揮した時期があったが、一九九〇年代および二一世紀に入って世界が急激なイノベーションの時代に入った今、日本発の製品はほとんどない。

世界のジョークが皮肉る日本人

〈豪華客船が沈みだした。船長は乗客に脱出して海に飛び込むように指示した。

アメリカ人には〝飛び込めば貴方は英雄ですよ〟

ドイツ人には〝飛び込むのがこの船の規則です〟

イタリア人には〝飛び込めば女性にもてますよ〟

フランス人には〝飛び込まないでください〟

〈日本人には〝みんな飛び込んでいますよ〟〉

出典：早坂隆著『世界の日本人ジョーク集』（中央公論新社、二〇〇四年）

解説

西欧の伝統を引き継いでいる社会ではジョークは重要な役割を果たしている。ジョークの内容には、弱者の強者に対するささやかな抵抗が表れている場合が多い。

世界的に著名なジョークは、一九六〇年代ソ連の権力者であったフルシチョフについての次のジョークであろう。

「ある男が赤の広場の塀に『フルシチョフはバカだ』と落書きした。この男は逮捕され、懲役一一年を言い渡された。『俺の罪は何だ』と男が叫ぶと、裁判官は『一年は国の財産である壁を汚したため。残り一〇年は国家機密漏洩罪だ』と答えた」

経済分野で勢力を持つ民族への反発が、ジョークの形をとっている場合も多い。最も多いのは経済力を持ち、いばっているイメージが流布する、ユダヤ人に対するジョークであろう。日本人も、一九七〇年代、八〇年代と日本が経済力を増すにつれ、ジョークの対象となった。

ジョークが広く流通するためには、人々の認識と一致している必要がある。日本人については「付和雷同」「自主性の欠如」が標的となる。

別のジョークを見てみよう。

「ある時、大型客船が沈没し、それぞれ男二人と女一人という組み合わせで、各国の人が無人島へと流れ着いた。それからその島ではいったい何が起こっただろうか。

イタリア人：男二人が女を巡って争い続けた。…（中略）…

フランス人：女は男一人と結婚し、もう一人の男と浮気した。…（中略）…

日本人：男二人は女をどう扱ったらよいか、トウキョウの本社に携帯電話で聞いた」

番外編：日本人の戦略の一例（山縣有朋）

〈国家独立自衛の道二つあり。一に曰く主権線を守禦し他人の侵害を容れず、二に曰く利益線を防護す自己の形勝を失はず〉

〈利益線を防護すること能はざるの国は其主権線を退守せんとするも、亦他国の援助に倚り纔かに侵害を免るる者にして、仍完全なる独立の邦国たることを望む可らざるなり〉

出典：山縣有朋著「外交政略論」（大山梓編『山縣有朋意見書』（原書房、一九六六年）

解説

山縣有朋は一八七三年に初代の陸軍卿となり、明治政府においては「国軍の父」とか、「日本軍閥の祖」と称された人物である。彼の軍思想は様々な形に変遷するが、次第に攻撃的な色彩を強め、「外交政略論」（明治二三年）で明確化する。特徴は「利益線」の防護にある。

彼は次の様な主張を行う。

まず、彼は国の防衛において、「主権線」と「利益線」という二つの概念を提示する。「主権線」というのは、国家の主権の及ぶ地域のことである。これを守るのは当然だ。彼は、「日本は毅然と国家を守る姿勢を取っているので、どこかの国が日本の領土を奪うとは考えていない、という点には疑念がない」としている。

その上で、隣国との接触の勢いが、わが主権線の安全、危機と緊密に関係するとして「利益線」という考えを提示する（当初は朝鮮をさす概念だった）。

そして、「今、世界の強国の中にあって、日本が国家の独立を維持しようとすれば、主権線を守るだけでは不十分で、利益線を守る必要がある」として、もし外国が日本の「利益線」に害を与えようとするならば、「強力を用いて我が意志を達する」ことを主張した。

従って、利益線を先ず朝鮮に求め、更に満州、中国本土と次第に拡大するという、軍事・外交戦略が山縣有朋の戦略となった。

ただ、この軍事戦略には重大な欠陥がある。日本国外に利益線を持つのであるから、当然対象国内部の抵抗が起こる。さらに、対象国に進出しようとしている列強との衝突が起こる。結局は中国との軍事衝突、さらには日米開戦へと進み、敗北を迎えることになる戦略であった。

番外編：英国人モリスが評価した詩歌

【一　日本武尊】

〈尾張に　直に向へる　尾津の崎なる　一つ松　あせを　一つ松　人にありせば　太刀佩けましを　衣着せましを　一つ松　あせを（病の時）〉（『日本書紀』）

〈嬢子《をとめ》の　床の辺に　我が置きし　つるぎの大刀　その大刀はや（死直前の歌）〉（『日本書紀』）

【二　孝徳天皇】

〈鉗着《かなき》け　吾が飼ふ駒は　引出せず　吾が飼ふ駒を　人見つらむか〉（『日本書紀』、古代「見る」は「性の交わり」とモリスの注にある）

【三　有馬皇子、自ら傷みて松が枝を結ぶ歌二首】

〈磐代の浜松が枝を引き結び真幸くあらばまた還り見む〉

〈家にあれば笥に盛る飯を草枕旅にしあれば椎の葉に盛る〉（『万葉集』）

【四　菅原道真】

〈こちふかばにほひおこせよ　むめのはな、あるじなしとてはるをわするな〉（『拾遺和歌集』）

【五　源義経関連】

〈祇園精舎の鐘の声、諸行無常の響あり。娑羅双樹の花の色、盛者必衰のことはりをあらはす。おごれる人も久しからず、只春の夜の夢のごとし〉（『平家物語』）

〈天も響けと読み上げたり

ワキ　関の人びと肝を消し、恐れをなして通しけり、恐れをなして通しけり。

ワキ　急いでおん通り候へ、
シテ　承り候〉（『平家物語』）

【六　西郷隆盛】

〈しきしまの道に我身を捨小舟風吹かはふけ浪立たは立て〉
〈露ならば草の葉末もあるものを今はわが身のおきどころなし〉

出典：アイヴァン・モリス著『高貴なる敗北』（中央公論新社、一九八一年）

第二章　風土と日本人――日本人の性格を形作ったもの

「風土と国民性の関係」を学問的な形で初めて私たちに提示したのは、一九三五年に刊行された、和辻哲郎著『風土』であろう。和辻氏は、風土を気候、気象、地質、地形、地味、景観と分類し、「モンスーン」「砂漠」「牧場」といった類型に分けながら、折に触れ日本人論を展開している。

和辻氏は著書の中でヒッポクラテス（紀元前四六〇頃―紀元前三七〇頃。古代ギリシアの医者）の次の言を引用している。

「風土は暑さ寒さ、その変化の多少などによって、人体に影響する」

「風土の特殊性に慣れることによって民族の特殊な性格ができあがるのである」

さらに次の点にも触れている。

「十六世紀の末にフランスのボダンによって風土の問題が再び取り上げられた時にも、根本の考え方は古代と変わらなかった。ボダンによれば、人間（個人、民族）の行為は『自然的素質』によって規定される。しかるに自然的素質は風土によって異なるものである。だからそれぞれ特殊な風土をもった国土はそれぞれ特殊な民族の性格を示している」

あわせて、「（風土の）影響の仕方について『労働の仕方』を媒体として導入した点においては全然新しいものである」ともしている。

和辻は、台風（突発性と強烈さ）に代表される「熱帯的なもの」と、雪に代表される「寒帯的なもの」双方を持つという日本の風土の特殊性を指摘しつつ、次のように記述している。

「四季おりおりの季節の変化が著しいように、日本の人間の受容性は調子の早い移り変わりを要求する」

「活発敏感であるがゆえに疲れやすく持久性を持たない。しかもその疲労は…（中略）…新しい刺激・気分の転換等の感情の変化によって癒される」

日本の最大の特徴は「孤立」

〈日本人をとりまく地理的環境のうち、もっとも決定的なのは、彼らがどちらかといえば他と隔絶している、という点である〉
〈孤立のもたらしたいま一つの副産物は日本の持つ希有ともいうべき文化的均質性であろう〉

出典：エドウィン・ライシャワー著『ザ・ジャパニーズ』（文藝春秋、一九七九年）

解説

ライシャワー（一九一〇年―一九九〇年）は日本研究において欠かすことの出来ない人物である。キリスト教宣教師の次男として東京で生まれ育った彼は、多くの日本人にとって、ケネディ大統領時代の駐日大使として記憶されている。ライシャワーは難航する沖縄返還交渉において、米軍関係者とともに、躊躇する日本の政治家に対しても、米側に返還要求の機運があると説得。日米双方を動かし、沖縄返還の基礎を築いた。学者としてのライシャワーは、「日本論」や「日本人論」の分野に多くの著作を残している。彼の説明を著書『ザ・ジャパニーズ』でさらに見てみよう。

「世界の主要国家の中で日本くらいその長い歴史のほとんどを孤立した状態で過ごしてきた国は、他にはちょっと考えられない。一六世紀に至り、大洋を超えた通商活動がその緒につくまで、日本は朝鮮半島ならびに中国大陸と、折に触れては衝動的ともいえる交流を持ってきた。だがさらに遠隔の地からの影響は、中国もしくは朝鮮を経由し、そのフィルターにかけられた形でしか、日本にもたらさなかった」

「日本人は、文化的に特異な国民でありつづけた。近隣の中国や朝鮮半島とも鋭く相違している。日本の高級文明のほとんどが、この地域に由来するにもかかわらずである」

「孤立はいくつもの副産物を生んだ。日本人が人種的にも文化的にも類縁関係の強い朝鮮人や中国人を含めた世界を『われわれ』と『彼ら』という二分法で裁断しがちなことは事実である」

「彼等を他と分かつのは、彼等一流の文化的一体感を損なう事なしに、他から学習し適応させていくという才能である。同じことを手がけた国民は他にもあるが、日本人ほどの成果をあげていない」

「一体感」「均質性」をもたらした日本の「風土」

〈「山」と「野」はどちらも「里」や「都」とは対照的に非居住域《エレーム》の側に属している〉
〈聖なるものの起源の場所が最初に形を持った時、それは人間の作った建物ではなかった。自然のままの地形の一部だったのである〉
〈日本語では文法上の主語がはっきりしていない…（中略）…。その傾向とは主体を環境に溶かしこみ、人間と事物との一体化を尊ぶ〉

出典：オギュスタン・ベルク著『風土の日本 自然と文化の通態』（筑摩書房、一九九二年）

解説

オギュスタン・ベルクは一九四二年生まれ。フランスの地理学者でフランス社会科学高等研究院教授である。一九六九年に初来日し、宮城大学教授等として通算十数年、日本に滞在した。彼は、日本の国土と日本人の関係を研究し、前掲書では風土と日本人の関係について考察している。

ベルクは日本の山岳の特徴を、次のように指摘する。

「山々には日を奪うような尖峰が欠けてはいるものの、造山運動の歴史が比較的浅く、気候が激しいために、斜面は切り立っていて、谷はV型に深く刻みこまれている。そのためほんのわずかの隆起でさえ、しばしば本物の山の姿をとり」「日本の山は交通の点だけから見ても困難な自然環境だが、住民にとってもやはり厳しい環境である」

文化の面では「『山』と『野』はどちらも『里』や『都』とは対照的に非居住域《エレーム》の側に属している」として、「聖性は源泉からの距離に応じて、すなわち野生の空間の『奥へ』と入り込む度合に比例して高まっていく」「聖なるものの起源の場所が最初に形を持った時、それは人間の作った建物ではなく、自然のままの地形の一部だった」と指摘する。

日本の宗教の原点、神社もごたごたした人為的な物を持つより、自然との一体を重視する。

日本の文化的特性として、「日本語で文法上の主語がはっきりしていない、あるいは必要でない」と指摘し、それは、「主体を環境に溶かし込み、人間と事物との一体を尊び、言葉によるコミュニケーションを貶め、他の言語活動 langages を尊重し、理性の働きよりも感受性を高く位置づけ、自然や自然的なものや気分や雰囲気や風土を賛美する」傾向を持つとし、「要するに人格の個別化を排斥し、共同的な一体性を称揚する」傾向を指摘している。

多くの外国人は日本人の最大の特性の一つを「人格の個別化を排斥」としているが、ベルグはこの特性を日本人の自然との一体化を望む傾向と結び付けている。

孤立した日本人は「拡大志向」

〈内向きで寂しがりやで、悲観的な人生観を持つ国民性の所産として…（中略）…孤立が生まれます〉

〈地理的に孤立が避けられなかった上に、火山の噴火、津波や台風など絶えざる危険に晒されてきたために孤立化は日本人の精神と心に深く影響を及ぼしたということです。自然の驚異は人びとの心に絶望と凶暴性を生み、…（中略）…精神的孤立があまりに深すぎてくりかえし国民的な閉所恐怖症に陥り、爆発して侵略したのです〉

出典：パール・バック著『私の見た日本人』（国書刊行会、一九六六年）

解説

パール・バックは一八九二年生まれ。米国の女性小説家。代表作は『大地』。一九三八年にノーベル文学賞を受賞し、米国人としては初の受賞であった。生後三カ月で宣教師の父と共に中国に渡る。一九二七年に一時避難のため長崎県雲仙に住んだこともあった。その後中国に帰り、一九三四年までとどまる。基本的に中国に対する強い親近感を持つが、中国共産党には嫌われ、その後中国訪問は実現していない。次は、前掲書からの引用である。

「日本人は島嶼民族なので島国根性が発達しました。島嶼民族はどこでもそうです。イギリス人でさえそれから逃れられませんでした。しかもイギリスと大陸を隔てているのは狭い海峡ですが、日本と隣国の韓国を隔てているのはその六倍もある広い水域です」

「イギリス人と日本人の間には、大陸民族の中国人とアメリカ人にあるような類似点があります。言い換えれば、アメリカ人は、共産主義は別にして、日本人やイギリス人よりも中国人に似ているということです。生きる姿勢にしても、島嶼民族と大陸民族では違います。同時に島嶼民族は大陸民族より控えめですが、平静さでは劣ります。独断的な言い方ですが、歴史が証拠だと考えています。拡散できる余地があるという事実は平静さを育みます。自然は大陸の方に優しい。少なくとも攻撃や嵐から逃げるチャンスがあります。つねにどこかに行く場所があります。

それと同時に矛盾しますが、島嶼民族は船乗りであり、拡大志向でもあります。島嶼民族の視野は狭く、狭い土地に閉じ込められているのでどうしても動き回らざるをえなくなります」

日本人の堅実さはどのように培われたのか

〈日本人ほど生来自然に対する愛着が強く、それが皆の間に広まっている民族を見たことがない〉

〈絶えず繰り返し襲ってくる洪水や台風や火事などの後で、農民が何の不平もいわず、少しも辛い様子や怒った態度も見せずに、自然の猛威によって荒廃した畑を黙々と手入れして自分の土地を以前のように実り豊かなものにしようと、一生懸命に働いている有様ほど、我々に賞賛と尊敬の気持ちを起こさせるものはない〉

出典：ウォルター・ウェストン著『ウェストンの明治見聞記』（新人物往来社、一九八七年）

解説

ウォルター・ウェストンは一八六一年生まれ。イギリス人。一八九四年に、宣教師として来日。日本各地の山を登り欧州に紹介。「日本アルプスの父」と呼ばれる。上高地、糸魚川市、戸隠キャンプ場、中津川市、高千穂町等日本各地に彼の名を冠した祭りがある。前掲書からの引用を次に見てみたい。

「世間でよくいわれるように、人間の性質はその人の自然に対する態度によって評価が決まるというのが正しいとすれば、世界の民族の中でも日本人の占める地位は独特のものである」

「六世紀の中頃、中国から仏教が渡来する以前、日本にあった宗教は神道であった。それは不安と畏敬が混り合った、大自然のあらゆる力に対する崇拝で…（中略）…無数の山の頂や、流れの速い渓流や、美しい滝も擬人化されて崇拝される。彼等の信仰を鼓舞するのは、遠い昔のものでも偉大なものでもなく、身近にある風変りな美しいものである」

「日本人にとって、詩歌は自然を描写する印象主義の産物である。一番よく使われる主題は花や鳥や月や秋の落葉であり、冬の雪や山に懸かる霧である…（中略）…たいていの日本の詩歌は単なる感嘆の叫びに過ぎない。それは読者の想像に訴えようとする暗示か、あるいはその概略に過ぎず、細かいところは読者の自然に対する愛が誤りない表現で補ってくれる」

「地面を開墾して役に立つようにするという厳しい自然との戦いによって、同時に多くの日本人の持つ極めて優秀で堅実な特性が涵養《かんよう》されたのである」

「個人主義がない」アインシュタインが見た日本

〈日本では自然と人間は一体化しているように見えます。この国に由来するすべてのものは、愛らしく、朗らかであり、自然を通じてあたえられたものと密接に結びついています〉

〈日本では個人主義は欧米ほど確固たるものではありません〉

出典：アルバート・アインシュタイン著『アインシュタイン日本で相対論を語る』（講談社、二〇〇一年）

アインシュタインは一八七九年生まれ。「二〇世紀最高の物理学者」と評される。一九二二年に日本を訪問。訪日直前の船中で、ノーベル賞受賞が知らされたこともあり、日本では大歓迎を受ける。アインシュタインは息子宛ての手紙で「私が会った全ての人々の中で、日本人が一番好きだ。謙虚で物分かりや察しがよく、技術に対する勘があるから」と感想を述べている。アインシュタインの訪日は計四三日間、各地への講演旅行であり、講演の合間、浅草、松島、日光、熱田、京都、奈良、宮島などを観光し、能と歌舞伎も見学している。前掲書内の「日本における私の印象」に訪日の印象を記している。

彼は「日本人の心に深く立ち入るのは容易ではありません」と人的交流には限界があったことを認め、「人間同士の直接の体験が欠けたことを芸術（人間の手で創作している全て）の印象が補ってくれました」として、引用部のほかに「日本の芸術作品から、日本人がいかに形あるものに対し歓喜する目をもった人間であるか」を観察している。

日本の将来について「日本人は、西洋の知的業績に感嘆し、成功と大きな理想主義を掲げて、科学に飛び込んでいます。けれどもそういう場合に、西洋と出会う以前に日本人が本来もっていた、つまり生活の芸術化、個人に必要な謙虚さと質素さ、日本人の純粋で静かな心、それらのすべてを純粋に保って忘れずにいて欲しいものです」と懸念を述べている。

欧米人は「源氏物語」をなぜ高く評価するのか

〈平安朝文学における自然の役割は誇張してしすぎることはあるまいと思う〉〈（西洋社会では）自然のもつ非人格的な力に対して人間が真正面から取り組み、やがては打ち勝って、人類の利益のために自然を順応させるという理想である…（中略）…ところが、極東においてはそうではない…（中略）…人と周囲の自然との間に二元性を見る考え方には、抵抗してきている〉

出典：アイヴァン・モリス著『光源氏の世界』（筑摩書房、一九六九年）

解説

数々の日本人論が出版されているが、モリスの本のように本国でも高い評価を受けた本は少ない。前掲書は一九六五年英国のダフ・クーパー賞を受賞している。ダフ・クーパー賞は社会科学、文学部門で毎年一冊を選ぶ。モリスは米国コロンビア大学東アジア言語文化学部学部長でもあった。

彼は『光源氏の世界』で、次のように記している。

「光源氏の世界の人々は決して外界の自然環境から自らを断絶しようとはしなかった。むしろ彼らは取り巻いている自然と自らが溶け合うように努力していた」「移ろう自然の相《すがた》を抒情的にうたいあげることは、古の昔から、日本詩歌の極めて強い関心事であった…（中略）…この伝統は、平安時代の散文、特に女流文学に承け継がれてゆく。春秋夏冬の独特の自然美に、また風情に、彼女らがいかに没頭していたことか。そのことを日記、覚え書、物語などが伝えている」

紫式部の時代に自然への強い関心があった背景については、「怖しい自然のさまざまな災害が―颱風、津波、洪水、またほとんど毎日の地震―が人々を襲い、人々をして人生に対する自然の影響を強く意識せしめてきたのである」としている。

モリスは「『夏涼しく、冬暖かく』の文句が大方の西洋人の態度を要約していると言っていい」として、日本人を含む東アジアの人々の考え方と対比させている。だが今日の我々日本人は「夏涼しく、冬暖かく」暮らすことを獲得した。その時、私たち日本人の「自然と溶け合うように努力していた」生き方はどうなるのであろうか。春には桜、秋には紅葉を愛で旅行する多くの人々を見て、「自然と溶け合うように努力していた」生き方は依然日本人に根強く生きていると感じている。

日本人はなぜ自然を愛するのか

〈中国人の場合は、倫理学が…(中略)…宗教の代わりを務めているが、日本人の場合は美学が――つまり美しい物への崇拝が、同じような役割を果たしている…(中略)…日本人が美しいものを愛することの根本には、こんな形での自然愛があるのだ〉

〈愛の対象はコオロギがとまっている小さな一本の草、半びらきの花、変てこにひんま

がった根っこであるかも知れない〉

出典：フセヴォロド・オフチンニコフ著『サクラの枝』（新潮社、一九七一年）

解説

外務省に新関欽哉という方がおられた。駐ソ大使をされた、大変な文化人である。東西の印章の専門家で、『ハンコの文化史』という本を出版されている。新関氏の篆刻収集は有名であったが、死後静嘉堂文庫に寄贈された。晩年は脳溢血による言語障害で話せなくなられていたが、この時期、お宅にお邪魔し、「どうされていますか」と問うとスケッチブックを見せてくださった。そこには路傍の名もない草花が描かれていた。まさにオフチンニコフの指摘する「自然への愛」であった。

オフチンニコフは一九二六年生まれのソ連共産党紙記者。北京特派員を経て六二年から六八年まで東京特派員をつとめる。彼は『サクラの枝』を出版し、その中で「日本と中国の文化の間に多々共通点があるとしたところで、両者は根底において別々である」として、「中国人の場合、倫理学が宗教の代わり、日本人の場合は美しい物への崇拝が役割を果たす」とみなし、さらに「中国の芸術の感動は、人間の手の全能を主張している。ところが日本の芸術家は自分の意志を素材に押しつけない。ただ素材の中に自然が入れておいた美を表面に現すだけ」としている。

彼は「日本の領土は比較的狭小だが、非常に多様な気候帯の自然を見ることが可能である」として「雪の重さに押しひしがれている竹は、日本の南北がつまっていることの象徴だ」と表現した。更に、「モンスーンと暖流と亜熱帯性緯度――この三つがより集まって日本を独特の気候にした」「ここでは春夏秋冬は極端にはっきりしていて、非常に正確に交替する」として、「日本人が悦びとしていることは、……（中略）……自分の生活のリズムをこれに合わせること」だと評価している。

「伊勢神宮」は日本人の自然観そのもの

〈（伊勢神宮）大きな建物、柱、塔、モニュメントがあるのではないか。ところがそんなものなど、どこにもない……（中略）……（人々は）ひとつの小さな、……（中略）……（先史時代のスタイルで建てられた）飾り気のない小屋に収斂される〉〈自然と共生すること！　彼等は理解したんだ。自然は、人間の作るどんなものにもまして、万物の根本的な神秘への尊敬を呼び覚ますということを〉

出典：フォスコ・マライーニ著『随筆日本――イタリア人の見た昭和の日本』（松籟社、二〇〇九年）

解説

私たちは伊勢神宮や出雲大社を訪問する。広大な自然がある。神社自体の建築は目を見張るものでない。しかし、自然に入ること、そのものに意義があると考えると違った視野が広がる。フォスコ・マライーニは一九一二年生まれ。一九三九年来日。一九四一年に京都帝国大学の教員になる。戦後、フィレンツェ大学教育学部で日本語・日本文学科を創設した。マライーニは伊勢神宮を訪れて、日本について発見をする。

　彼の訪問記を見てみよう。「伊勢には、特に崇拝されている二つの場所がある。外宮《げくう》（外の神社）と内宮《ないくう》（内の神社）である。…（中略）…二つの神宮は互いに数キロ離れた場所にある。一帯には、森におおわれた小さな丘陵があり、澄んだ水が明るい色をした小石の並ぶ川床をキラキラと光りながら流れている…（中略）…両脇には杉の並木がある…（中略）…このとてつもない大きな木の、夜の天穹《てんきゅう》のように壮大な眺めは、人の魂に、目に見えないものとの親密な対話を呼び起こす。

　巨大な木は、互いに排除し合っているように見える二つの現実、つまり生命と永遠とを、まるで奇跡が起きたように一つに体現している」。

　行けども巨大な建造物はない。そして自然にいること自体の意義を見出す。「この点において、日本人は偉大だと認められるべきである。何千年にもわたって、日本人は、最初は中国、仏教文化、後にはヨーロッパ、西洋文化という圧倒的な文化の圧力に耐え、ついには敗北を喫するにもかかわらず、起源への崇拝を、自然や神々との神秘的な繋がりを保ち続けたからである。…（中略）…永遠の天啓である自然と共生すること！　彼等は理解したんだ。自然は、人間の作るどんなものにもまして、万物の根本的な神秘への尊敬を呼び覚ますことを」

番外編：「パルテノン神殿」と「伊勢神宮」の違い

〈アクロポリスの丘に、紺碧の空を背景に大理石の円柱が輝くようにそそり立つパルテノンと、清らかな川の流れる深々とした森の中に静かに建つ簡素で、清楚な伊勢神宮を想像すると、西洋と

日本の精神的な要素の相違点がはっきりすると、よく云われる。〉

東山魁夷（一九〇八―一九九九）は、日本の画家である。風景に取材した作品を多数残した彼は、西洋文明と日本の違いをどのように捉えていたであろうか。

「人間の力と意志の象徴であるように、パルテノンの建築様式が威容と荘厳を示すのに対し、伊勢神宮の場合は、周囲の自然と調和することによって生まれる美しさとでもいおうか、その幽邃な森、川、山と切り離すことができないのである。前者はあくまでも乾いた空気の中に明るい陽光に照らされて、立体感と量感を持つマッスとして存在する。いわば、自然と対立する空間を形成する。後者は常緑の樹々に蔽われた山の麓に、川と森による湿潤な雰囲気の中に、白木造り、茅葺屋根の素朴そのものの社殿が自然と共に充足して建っている。西欧の人々は長い間、自然の征服を目指して生活してきたのに対し、日本人は自然との調和を求めて暮らしてきた」

「日本の風景画には、西洋にも、中国にもない特徴の一つに、風景を大きな視野で捉えないで、自然の一隅を題材とする場合が相当多いということがある。遠景、中景、近景というような組み立てではなく、近景だけで出来上がっている特殊な構図である。これは装飾的な感覚から発しているものと云えるが、又、一本の野の草にも大自然の生命のあらわれを見るというような、日本人の自然への愛情のしるしでもあるだろう。自然の機微を掴む敏感な感覚の働きは、日本人独自のものであり、特有の感覚の細やかさにある」

「歌舞伎をみても、どんな悲しい場面を表現するにも、大きな声をあげて泣き叫ぶというような仕草はしない。静かに悲しみに耐える所作の中に、観客も一層悲しい心を読み取る」

なぜ「日本人は勤勉」なのか

〈低温の続く冬の数カ月を生き抜くためには、生産の可能な時間に熱心に集中的に仕事をし、食物の余剰を常に蓄えておかねばならなかった〉〈さいしょは単純な必要に発したにもせよ、…(中略)…習慣や根強い道徳律によって、長期間強化され、ついには日本人やその近隣諸国の人々の間に、世界でももっとも深く根ざした勤労倫理をやしなわせ、それがこの地域の諸民族に特有な、疑いもなく顕著で優れた性格や資質となった〉

出典：エドウィン・ライシャワー著『ザ・ジャパニーズ』(文藝春秋、一九七九年)

解説

ライシャワーは、歴代の駐日大使の中で、最も日本との良好な関係を築き上げただけでなく、学問の面でも、ハーバード大学教授として最も多くの日本研究者を育ててきたと言える。彼が日本で生まれ育ち、妻に松方ハルを迎えていたこととも無縁で無かろう。

彼は、日本の気候を「典型的な温帯性である。気温が高く、しかも年間を通じて植物が生育するためにのんびりと生活していられる熱帯地方とは対照的である」として、生産可能な時期に熱心に働かざるをえないため、「勤勉と、おとろえを知らぬエネルギー」を持つに至ったとしている。

ライシャワーは日本特有の現象として台風にも着目している。「日本の気象のいま一つの際立った特色は台風である。台風はハリケーンよりも頻繁に日本を襲う」として、「長年にわたり台風に馴らされてきたためか、日本人にとって天変地異はあらかじめ織り込みずみであり、それへの対応も、したたかなまでにケロッとしている。この種の宿命論は、『台風メンタリティー』と呼ばれるにふさわしいが、その生みの親は、なにも台風一つにかぎらない。日本列島の大部分が火山活動の結果生まれたものである。日本の至るところに活断層があり、地震による被害も珍しくない」と日本を取り巻く環境を説明した上で、「いずれにせよ日本人は自然の猛威を宿命的に受け入れるとともに、そのような災禍の中から立ち直り、新規まきなおしで再出発をはかっていくことにかけては、大変な能力の持ち主でもあるのだ」と結論付けている。

「変わりやすい気候」と「日本人の気質」の本質的な関係

〈日本の気候の独自性は変わりやすさという点にあり、これは酷暑の夏と寒く雪の多い冬という両極端をつないでいる〉

〈日本人の気質も「調子の早い移り変わり」という点で際立っているが、これは「執拗」

の対極に位置するものであろう。事実この気質は根本的に「受容性」と「忍従」に由来している〉

出典：オギュスタン・ベルク著『風土の日本　自然と文化の通態』（筑摩書房、一九八八年）

解説

オギュスタン・ベルクについては先にも触れた。

ベルクは和辻哲郎の考えにも十分に配慮し、日本人の気質の特徴である「受容性」と「忍従」について、次のように語っている。

「和辻によれば、モンスーン気候の影響によって証明される。というのも、モンスーンは厳しい暑熱と湿潤を伴い、人間は台風の抗し難い猛威に耐えるのと同じように、それを耐え忍ばねばならないからだ。対抗するには及ばない」

更に和辻を引用し、「自然が猛威をふるう、その荒々しい力は克服し難いもので、あらゆる抵抗を『断念させ』『したがって人間をただ忍従的たらしめる』」。

ただ日本人が優位な点として、「だが日本人を断念と徹底した不安定から救うのは、このような気候が根本的に多様性を備え、かつ不安定で、しかしながら規則性を持つからなのである。日本人は『活発』かつ『敏感』で確かに変わりやすいが、『裏に持久力を隠している』のだ。和辻はこうした表面上の矛盾を『しめやかな激性』、『戦闘的な恬淡』という、箴言的表現でまとめている」と指摘している。

ベルクは「日本人は気候に大変に敏感である」一例として、「雨」の表現の多様性をあげている。「梅雨、豪雨」は中国に由来するが、小雨、大雨、氷雨、地雨、俄雨、夕立、時雨、五月雨等を日本独自の表現だと指摘している。また、会社勤めが多くなり、日本人の生活が自然との結びつきが極めて希薄なものになった時、日本人の気質も変化するのではないか、という問題点を提示している。

番外編：欧州と日本の気候の違い

・〈欧州では〉夏の乾燥、冬の湿潤、すなわち暑熱が湿気と結びつかないという事からして、我々は自然の従順さを見出した。
〈自然が従順であることはかくして自然が合理的であることに連絡してくる。人は自然の中から容易に規則を見だすことができる。…（中略）…そうしてこの規則に従って自然に臨むと、自然はますます従順になる〉

出典：和辻哲郎著『風土』（岩波書店、一九七九年。原著は一九三一年刊）

解説

和辻哲郎については先にも触れた。一八八九年生まれ、『古寺巡礼』『風土』などの著作で知られる。『風土』は一九三一年に刊行されている。
「そこ（インド）で季節は、比較的涼しい乾燥期と、暑い乾燥期と、雨期との三つに分かれる。…（中略）…（インドの）暑熱と湿潤との結合が、インドの人間に生を恵むとともにまた生を脅かす。受動的な関係が常に不安動揺を含まねばならぬ。受動的であってしかも動くという事は、受容性を活発にならしめること、すなわち感受性の敏活である」

「乾燥の生活は『渇き』である。すなわち、水を求むる生活である。外なる自然は死の脅威をもって人に迫るのみであり、ただ待つ者に水の恵みを与えるということはない。人は自然の脅威と戦いつつ、砂漠の至宝なる草地や泉を求めて歩かねばならぬ。そこで草地や泉は人間の団体の間の争いの種になる（創世記一三六、二六二〇以下）。人と世界の関りがここではあくまでも対抗的、戦闘的関係として存する」

「ヨーロッパ的風土は湿潤（冬）と乾燥（夏）の総合として規定させられる。……（中略）…南と北との相違は太陽の力の強弱、晴天と曇天との多少というごとき形で現れる」

「地中海の性格は、それが『乾いた海』であるということと関連する。もし地中海が太平洋のごとき湿潤な海であり無数の生物を繁茂せしめ得たならば、沿岸地方の人々はあれほど動き回りはしなかったであろう」

「農業労働が安易であるということは自然が人間に対して従順であるということにほかならない」

「集団行動が好きな日本人」のルーツ

〈紀元二世紀ごろまでには、いまとほぼ変わらない形、つまり畦で仕分けされた小面積の水田で耕作されるようになっていた〉

〈日本で必要とされたのは、水資源を小さな集団間でどう分かち合い、そのためにどう力を合わせていくかであった。

このような協力が何世紀にもわたって継続されたことが、集団志向や、集団行動に走りがちな性向を強めたとする見方も、あながち根拠のないものではないかもしれない〉

出典：エドウィン・ライシャワー著『ザ・ジャパニーズ』（文藝春秋、一九七九年）

解説

前掲書の稲作に関する記述を見てみたい。

「農耕が日本に出現したのは、かなり遅れてからであった。せいぜい三世紀」

「灌漑を通じての日本式水田耕作は、莫大な量の労力を必要とする。だが欧米における畑作の小麦栽培より、反収がはるかに高いことも事実である」

「集約的な水田耕作と二毛作のおかげで、日本も東アジアの例にもれず、西アジアやヨーロッパのような乾燥地帯ないしは寒冷地よりは、はるかに密度の高い大人口を支えてきた」

また、福井在住の農業家山崎一之氏から貴重な話を伺った。

「古来の農法での収穫量をカロリーに換算すると、米は麦の二～三倍です。重要な点は、米の水田耕作です。これで稲の生育に必要な栄養分を確保しつつ、有害なバクテリアを殺傷することが出来ます。他方、陸上耕作の小麦等の場合、同一の土地で栽培を続けると一気に収穫高が下がります。それで、一年収穫をすると一～二年休み（他の作物の栽培は可能）また小麦等を耕作する、という輪作をとらざるを得ない。他の作物を何にするかという問題はあるが、輪作という点を考慮すれば、日本式水田耕作は欧州の小麦に比べ、カロリー換算で約四倍の収穫量となります。

今一つ面白いのは料理です。米の調理には高い熱はいらず、自宅で簡単に炊くことができます。一方の小麦はそうはいかず、パンを焼くには高い熱が必要となる。自宅では焼けず、集落ごとにパンを焼く場所を作る。またパンを焼くエネルギーを確保するため、集落の側に森が必要です」

「スケジュールに厳しい日本人」は稲作のたまもの

〈日本の稲作は、場所にもよるが気候の点で少しく無理があるから、否応なし、待ったなしの緻密な計画のもとに手ぎわよくやらねばならない〉〈中世の日本では人口の八五％が農民だったというから、国民のほぼ全員が一千数百年間にわたってこういう訓練を受け続けてきた…（中略）…一定期日を定めて、そこから逆算し、いわゆる秒きざみのスケジュールで事を運ぶ点では、全世界広しといえども日本人の右に出る者はいない〉

出典：イザヤ・ベンダサン著『日本人とユダヤ人』（角川書店、一九七〇年）

解説

イザヤ・ベンダサン著『日本人とユダヤ人』は三〇〇万部売れた日本人論の傑作である。著者はユダヤ人という触れ込みだったが、正体は山本七平というのが通説である。ただし執筆において、内容の議論にユダヤ人等の外国人が関与した可能性が高いので、ここに掲載した。

「このキャンペーン型稲作は、もう一つの決定的な特徴を日本人に与えた。かつては、全日本人の八五パーセントがある時期（天の時）になると一斉に行動を起した（人の和）。田植えの時には全日本人が田植えをしなければならない。ゴーイング・マイ・ウエイなどとうそぶいていれば確実に餓死するか他人様のごやっかいにならねばならぬ」

「こういう社会では、マイ・ウエイ型人間のたどる運命は、社会から排除されるか、社会がこれを矯正してしまうかのいずれかであろう。全学連の闘士の十年後の姿を見れば、この矯正または排除が実に的確に行われているのがわかるであろう」

「日本人は全員一致して行動がとれるように、千数百年にわたって訓練されている」

ベンダサンの論を踏まえると、日本人のありようとは、次のようなものと考えられる。

①米作の環境から揺るがせないスケジュールが出来ているので、「何を行うべきか」という戦略的考察を行う必要はなく、他の選択肢を考察しても間違う可能性が高い。
②皆が一斉に行動をとることが求められるので、「個」の主張は社会にとりマイナスである。他方、狩猟民であったり、大陸で敵がどこから来るか判らない社会では、自分達の社会のコンセンサスは将来の動きを何ら左右せず、むしろ生存には多様な思考が必要となる。

番外編：「タテ社会」はどこから来たのか

〈日本人が外に向かって（他人に対して）自分を社会的に位置づける場合、好んでするのは、資格よりも場を優先することである。記者であるとか、エンジニアであるということよりも、まず、A社、S社の者ということである…（中略）…「会社」は個人が一定の契約関係を結んでいる、企業体であるという、自己にとって客体としての認識でなく、私の、またわれわれの会社〉であると認識されている。

出典：中根千枝著『タテ社会の人間関係』（講談社、一九六七年）

解説

中根千枝氏（一九二六年生まれ）は前掲書で日本の社会分析に「タテ社会」という概念を持ち込んだ。前掲書から氏の考えを引用する。

「日本社会に根強く潜在する特殊な集団認識のあり方は、『イエ』（家）の概念に代表される」

「『家』よりも大きい集団としては、中世的な『一族郎党』によって表現される集団がある」

「『資格』の異なる者に同一構成員としての認識、そしてその妥当性をもたせる方法としては、外部に対して、『われわれ』というグループ意識の強調で、それは外にある同様なグループに対する対抗意識である。…（中略）…『同じグループ成員』という情的な結びつきをもつことである。資格の差別は理性的なものであるから、それを超えるために、情的な《エモーショナル》アプローチが使われる」

「個人の行動ばかりでなく、思想、考え方にまで集団の力がはいり込んでくる」

「エモーショナルな全面的な個々人の集団参加を基礎として強調され、強要される集団の一体感というものは、それ自体閉ざされた世界を形成し、強い孤立性を結果する」

「日本のあらゆる社会集団に共通した構造が見られることである。筆者はこれを『タテ』の組織と呼ぶ」

「私たちは序列の意識なしには席につくこともできないし、…（中略）…しゃべることもできない」

「中央から水を流せば、末端にまでしみとおるような見事な行政網の発達は、中央権力の助長にいやがうえにも貢献し、当然、権力の乱用を可能とし、権力に対する一般国民の恐怖を植えつけたようである」

「他の国であったなら、その道の専門家としては一顧だにされないような、能力のない（あるいは能力の衰えた）年長者が、その道の権威と称され、肩書をもって脚光を浴びている姿は日本社会ならではの光景である」

「論争が行われ、どちらかが、譲らなければ事が運ばない場合、一方の主張がとおり、一方が譲歩する場合は、論争のテーマ自体ではなく、他の社会的強制による場合が圧倒的に多い」

第三章　古代——日本人の起源を考える

ひとくちに古代史といっても様々なテーマを内包する領域だが、特に次の三つは日本人論にとって重要なテーマであった。

①日本人はどこから来たのか
②日本人の祖先は様々な地域からきた多様な人々だったとすると、その相互の関係はどうだったのか
③彼らは何を生業としていたのか

まず、一つのデータを見ておきたい。

左頁の表は鬼頭宏著『人口から読む日本の歴史』（講談社、二〇〇〇年）にある、日本の古代人口の地域別変化の表である。但し、字数の関係より、「東山」と、「四国」の「沖縄」の部分は省略した。この表に掲載されている数字が正しければ、次に示す様々な事実を読み取ることができる。

①縄文前期時代に人口が多いのは関東、奥羽地方である。畿内、及び畿内周辺は極めて少ない。北九州は少ない。

地域	縄文前期(5200B.P頃)	縄文後期(3300B.P頃)	弥生時代(1800B.P頃)	奈良時代725年頃	平安初期800年頃
北海道	—	—	—	—	—
東奥羽	14.3	36.1	28.7	206.5	186
西奥羽	4.9	7.7	4.7	78	80.3
北関東	12.6	16.8	39.3	356.9	451.4
南関東	30.2	34.8	59.7	422.8	519.5
北陸	4.2	15.7	20.7	252.6	461.4
東海	4.8	7.4	54.4	488.7	413.9
畿内	0.4	1.1	30.2	457.3	583.6
畿内周辺	1.3	3.1	70.3	503	596.3
山陰	0.5	0.9	17.7	350.4	456.2
山陽	0.9	1.7	48.9	439.3	541
北九州	1.4	2.4	40.5	340.5	422.3
南九州	4.2	7.7	64.6	218.6	275.2
合計	105.5	160.3	594.9	4512.2	5506.2

（単位千人、縄文後期以降千以下切り捨て。出典：鬼頭宏著『人口から読む日本の歴史』）

②縄文後期は基本的に縄文前期の延長線上にある。関東、奥羽地方の人口が多い。

③弥生時代には、畿内、畿内周辺、東海、山陽の人口が大幅に増える。他の地域も増加しているが、増加率はそれまでの延長線上である。畿内等の人口が大幅に増加した理由は、日本国内の他地域からの流入ではなく、純増であろう。

④弥生時代から奈良時代にかけて、全国的に人口の大幅な増加がみられる。

日本人の起源、すなわち日本人はどこから来たのかという問題は古代史最大のテーマである。さまざまな説があるが、ＤＮＡ鑑定により、それぞれの説を科学的に裏付けることが可能になっている。

田嶋敦氏は「ミトコンドリアＤＮＡの塩基配列の分析では本土日本人と韓国人とに共有するタイプが多い。これは朝鮮半島と日本列島とにヒトの移住があった可能性を示唆する」と指摘している。ただ、上記の人口の増減データが

地域	縄文前期(5200B.P)	縄文後期(3300B.P)	弥生時代(1800B.P)	奈良時代 725	平安初期 800
畿　内	0.4	1.1	30.2	457.3	583.6
畿内周辺	1.3	3.1	70.3	503	596.3

正しいとして、縄文時代の関東、奥羽地方の人口が多いのはなぜだろうか。朝鮮半島からの移住者がいたのであれば、朝鮮半島に近い北九州、南九州の人口が多いはずではなかろうか。

核DNAの研究は端緒についたばかりで、新たな発見と共に、日本人の起源をめぐる議論は今後も活発に展開されていくであろう。こうした議論の過程で、論者は「事実として明確化したこと」と、「推論」の部分を明確に分けて論じる必要がある。

これらのデータや研究結果から、筆者が気づいた問題点を次に整理してみたい。

縄文人と弥生人の文化には極めて明確な違いがあると言える。両者の違いについて説明した、高校教科書の記述（石井進等著『詳説　日本史』山川出版社、二〇一二年）を見てみたい。

「およそ二七〇〇年前と想定される縄文時代の終わりころ、朝鮮半島に近い九州北部で水田による米作りが開始された。紀元前四世紀初めころには、西日本に水稲耕作を基礎とする弥生文化が成立し、やがて東日本にも広まった。こうして北海道と南西諸島をのぞく日本列島の大部分の地域は、食料採取の段階から食料生産の段階へと入った」

「弥生文化は金属器をともなう農耕社会をすでに形成していた朝鮮半島から、**少数の人々がその新しい技術を携えて日本列島にやってきて、**在来の縄文人とともに生み出したものと考えられる」（太字は筆者）

ここで、「少数の人々が日本列島にやってきた」と記述している。

「少数」とはどれだけの人を想定しているのであろうか。

上に挙げた鬼頭宏著『人口から読む日本の歴史』の畿内、畿内周辺の人口の表を今一度見てみたい。

もし、このデータが正しいとすれば、縄文後期から弥生時代、奈良時代にかけて、畿内、畿内周辺で急増した人口とは、新たに渡来した人々及びその末裔の可能性が高い。となると、決して「少数」とは言えないような大人数が朝鮮半島から渡来しており、「少数の人々が日本列島にやってきて」という記述の当否が気になる。

上皇陛下は平成一三年「お誕生日に際し」てのお言葉において、次のような発言をされている。

「韓国から移住した人々や，招へいされた人々によって，様々な文化や技術が伝えられました。宮内庁楽部の楽師の中には，当時の移住者の子孫で，代々楽師を務め，今も折々に雅楽を演奏している人があります。こうした文化や技術が，日本の人々の熱意と韓国の人々の友好的態度によって日本にもたらされたことは，幸いなことだったと思います。日本のその後の発展に，大きく寄与したことと思っています。私自身としては，桓武天皇の生母が百済の武寧王の子孫であると，続日本紀に記されていることに，韓国とのゆかりを感じています。

武寧王は日本との関係が深く，この時以来，日本に五経博士が代々招聘されるようになりました。また，武寧王の子，聖明王は，日本に仏教を伝えたことで知られております」

今日の日韓関係がいかなるものであるかということと、歴史的事実が何であるかということは、峻別すべきであると思われる。日本の古代史の研究には、中国・韓国の学者との協力は不可欠である。

「多民族の混合」が日本人をつくった

〈技巧の点から云えば縄文土器は弥生土器よりも劣っているが、芸術的には進んでいて、意匠の自由さも勝り、形の変化も多い。縄文土器文化は孤立して長期間発達した後に、…（中略）…後の（弥生）文化に次第にとって変わられた〉

〈日本人が石器時代の終り以降、多数の民族的特質の混和を示している〉

出典：ジョージ・B・サンソム著『日本文化史（上）』（創元社、一九五一年）

解説

ジョージ・B・サンソムは一八八三年英国で生まれ、一九〇四年駐日英国公使館に通訳生として着任し、一九四一年までの三五年間、ほとんどを外交官として日本で過した。一九四七年引退し、コロンビア大学教授となり、東アジア研究所の初代の所長を務める。

サンソムは著書『日本文化史』で体系的に日本の歴史を論じ、さらに『西欧世界と日本』で幅広い考察を行う等、鋭い洞察力を発揮する。日本研究の第一人者であると私は思う。

「アジアの東北沿岸に沿って、一曲線を作り、両端に於てはほとんどそれに接触している日本群島の位置から見れば、たとえ支配的でない迄も濃厚な北方人の血脈が流れていること、又大陸に接近する海岸地方には、朝鮮を経て来た蒙古族が新石器時代に蕃居していたことは殆ど疑を容れない。同時に古代日本文明の或る特色、殊に目立つ水田稲作の方法が南支那に起源を持つと想定するのは理由のあることであるし、又日本人種中にその地方から来たものの要素があるという考えには少しも無理はない」

「新石器時代の後期のもの（弥生）の起源を究めようと思えば、決定的とはいえないまでも、十分な証拠が朝鮮における考古学的研究の結果から得られる。朝鮮では新石器時代遺物の色々の型のものが出て……（中略）……いるが、日本の弥生文化型には又夫々これに応じたものを見分けることが出来る」

「歴史家は安易な類推に陥ってはならぬが、ヨーロッパ西端洋上にあるイギリス本島とアジアの東岸に連なっている日本群島との状況を比較することは一向妨げない。いずれも背後には種々の民族の住む大陸があり、前方には無際限の太洋がある。……（中略）……そこから先に行けないために混和するか死滅するかの他ない」

「朝鮮系移民の末裔《まつえい》が今日の日本人」ジャレド・ダイアモンドが指摘

・縄文時代と弥生時代の劇的な変化は日本史の中の最も顕著な特色であり、今日の日本人は誰かという問題を提起する。①縄文人が進化、②大量の朝鮮人が移民、③移民はあったが大量でないとする説がある

・世界の他地域の同様の狩猟・採集民から農耕民の移行との比較で、自分には、第二、第三の説の方が蓋然性は高いと思う

出典：ジャレド・ダイアモンド著「In Search of Japanese Roots」（『Discover (the june 1998 issue)』Time, 1998）

解説

ジャレド・ダイアモンドはカリフォルニア大学教授で、『人間はどこまでチンパンジーか？』『銃・病原菌・鉄』などの著作でピューリッツァー賞、米国国家科学賞・生物学を受賞している。彼は前掲論評で、日本古代史について「日本の考古学を感情移入なしに論ずるのが困難」として、それを「今日の行動と関係するから」としている。まさに日本の古代史研究上の問題の核心である。

「土器の発明によって縄文人口が爆発的に増加した後、第二の人口爆発が起こった。比較的安定な縄文時代と弥生時代の劇的な変化は日本史の中の最も顕著な特色である」とし、今日の日本人は誰かという問題提起をし、前頁の三つの解釈があるとしている。「弥生時代の人口が増えるにつれ、考古学的証拠

は戦争が頻繁になってきたことを示す。これは中国の年代記の記述に一致する」とし、結論として、第二、第三の説の蓋然性は高いとした。さらに、「遺伝学者は、近代日本人はアイヌ的縄文人より、朝鮮に近似する弥生人の方が圧倒的に大きいとしている。ただし言語的問題がある。もし日本人が比較的最近の韓国からの移民であれば日本語、韓国語が極めて近くていいはずだ。自分の解釈はこうだ。朝鮮が六七六年に統一される前、三つの王朝があり、近代朝鮮は新羅の言語からくる。しかし、新羅は日本と近しくはなかった。初期朝鮮の年代記によれば、異なる王朝は異なる言語を持っていたとされる。高句麗のわずかに残された言葉は、近代朝鮮語よりは古代日本語に近い」との論を展開している。

「素足で食事は手づかみ」『魏志倭人伝』に描かれた日本人

- 女王の都、邪馬台国に至る。推計七万余戸
- 男子はみな顔や体に入れ墨し、墨や朱や丹を塗っている
- 兵器は矛・盾・木弓。矢は竹である
- 衣服は中央に孔をあけ、貫頭衣である
- 地は温暖で、冬夏も生野菜を食べている。みな、裸足である
- 飲食は高坏を用いて、手づかみで食べる

出典：『三国志』

西晋の陳寿が三世紀末、歴史書『三国志』中の「魏書」第三〇巻烏丸鮮卑東夷伝倭人条で日本(「魏」)について書いたのが、この時代の日本についての最も詳細な記述であり、それが後世の歴史書に引き継がれていく。

三世紀末、日本にはまだ統一的国家はない。「倭人は帯方郡の東南の大海の中に在り、山島に依って国邑とし、もとは百余国で、漢の頃から大陸への朝貢があり、記述の時点では三〇箇国が使者を通わせている」としている。

「入墨は国ごとに異なり、あるいは左に右に、あるいは大に小に、階級によって差が有る」

「稲、紵麻を植えている。桑と蚕を育てており、糸を紡いで上質の絹織物を作っている」

「牛・馬・虎・豹・羊・鵲はいない」

「兵器は矛・盾・木弓を用いる。矢は竹である。矢先には鉄や骨の鏃が付いている」

「盗みはなく、争論も少ない。法を犯す者は軽い者は妻子を没収し、重い者は一族を根絶やしにする。宗族には尊卑の序列があり、上のもののいいつけはよく守られる」

ライシャワーは『ザ・ジャパニーズ』において「日本人が明確な形で歴史に初登場するのは三世紀の中国の史書である」として『魏志倭人伝』の内容を紹介している。彼は「女性の支配者の記述は、日本の女家長制度を思わせるばかりか、皇室の系譜を女神、天照大神とする神話と合致する」とし、更に、この時代の特色として、「日本は三世紀前後から、朝鮮半島を出自とする騎馬民族の幾波にものぼる侵入に晒されていたようである」と記載している。

「日本武尊」が「ヒーローの原型」である理由

〈日本における英雄像の長い系譜の糸をたぐると、浮び出てくる哀感をたたえた孤高の英雄の原型は、日本武尊《ヤマトタケルノミコト》の生涯である〉〈そこには最後の戦いに失敗して以来、失意に陥った皇子、生きる意欲をまったく失った憂愁のひとの姿が映し出されている。日本人の感受性は、日本武尊のロマンティックなこの最期の影像に対して最も鋭敏に反応してきたのである〉

出典：アイヴァン・モリス著『高貴なる敗北　日本史の悲劇の英雄たち』（中央公論新社、一九八一年）

解説

アイヴァン・モリスは一九二五年生まれ。英国の日本研究学者。広島原発投下後、通訳として広島に派遣される。清少納言の「枕草子」「更級日記」、西鶴作品、昭和文学では中島敦「山月記」、三島由紀夫の「金閣寺」、大岡昇平「野火」、大佛次郎「旅路」など多数の作品を英訳。著書『高貴なる敗北　日本史の悲劇の英雄たち』で日本武尊を扱う。

彼は日本武尊の魅力について「皇子の『たけく荒き情』にも魅力があろう。彼が次々に掌中にする数々の華々しい軍事的成功にも魅力があろう」としつつも「日本武尊が日本の原型英雄像として定着するためには、最後のあの孤独な姿がなくてはならなかった」としている。

モリスは日本武尊の評価においても、文学面からの評価を行っている。

「伝説時代の偉大な英雄、ロマンティックな英雄としての日本武尊の地位が動かぬものとなるには、いまひとつの要素が必要である。それはほかならぬ詩歌の才である。日本文化のいずれの時代にも共通することであるが、感受性のある男女にとって不可欠の素養が詩歌を作る才能である。…（中略）…西洋の傾向を見ると、典型的武人の関心の中心は酒と女と殺戮に置かれている。日本では武人の関心の中に詩歌がはいってくる」

次の数行は、皇子が最後の病いに苦しみ憔悴しているさなかに作られたといわれている。

「尾張に　直に向へる　尾津の崎なる　一つ松あせを　一つ松　人にありせば　太刀佩けましを　衣着せましを」

詩歌を愛した日本の古代、中世の心情は、今日の日本人にどれ位引き継がれているのだろうか。今日、日本人は逆に、詩歌と最も縁遠い国民になりつつある。

「倭」による日本統一を中国はどう見たか

〈順帝の昇明二年（四七八年）使を遣わして上表文をたてまつった。いうには、「封国（倭国をさす）は偏遠で、藩を外になしている。昔から祖禰（父祖）みずから甲冑をきて、山川を跋渉し、ほっとするひまさえなかった。東は毛人を征すること五十国、西は衆夷を服

することと六十六国、渡って海北を平げること九十五国。王道はとけあいやすらかであって、土をひらき、畿をはるかにした〉

出典：『宋書』

解説

『宋書』は中国南朝の宋について書かれた歴史書。沈約（四四一年—五一三年）が斉の武帝に命ぜられて編纂した。「夷蛮伝」中に「倭」について記述している。

「倭国は高麗の東南大海の中にあり、世々、貢職を修めている」

「讃は、表（上書）を奉り方物（地方の産物）を献じた。讃が死んで弟の珍が立った。使いを遣わして貢献し、自ら使持節都督倭・百済・新羅・任那・秦韓・慕韓六国諸軍事、安東大将軍、倭国王と称し、表して除正されるよう求めた。詔して安東将軍・倭国王に除した。珍は、また倭隋等十三人を平西・征虜・冠軍・輔国将軍の号に除正されるよう求めた。詔して同じく認めた」（以下、讃、珍に続き済、興、武の中国訪問について記述。この五王が各々どの天皇であるかについては見方が異なっている）。

さらにこの時期、倭が高句麗と対立関係にあることを上書が示している。

「代々中国に朝宗し歳にたがえあやまることはなかった。ところが句麗（高句麗）は無道であって、見呑を図ることを欲し、辺隷をかすめとり、ころしてやまぬ。常に滞りを致し、もって良風を失い、路に進んでも、あるいは通じ、あるいは通じなかった。臣の亡考（亡父）済は、実に仇が天路をふさぐのを怒り、弓兵百万が正義の声に感激し、まさに大挙しようとしたが、にわかに父兄を喪い、垂成の功もいま一息のところで失敗に終わった。むなしく喪中にあり、兵甲を動かせない」

後、六六三年倭国・百済遺民の連合軍と、唐・新羅連合軍との戦争を行うこととなる。

朝鮮半島は「倭」をどう見ていたか

・好太王碑は、高句麗の好太王（三七四年―四一二年）の業績を称えた中国吉林省にある石碑。この中に「百残新羅舊是屬民由來朝貢而倭以辛卯年來渡［海］破百殘■■新羅以為臣民」。日本の読み方「百残（百済）・新羅は旧是属民なり。由來朝貢す。而るに倭、辛卯の年よりこのかた、海を渡りて百残を破り、新羅を・□□し、以って臣民と爲す」朝鮮半島においては「倭」が「海を渡りて」「百残を破り」に疑念を持つ読み方がある

出典：王健群著『好太王碑と高句麗遺跡』（読売新聞出版、一九八八年）

解説

好太王碑は、高句麗の第一九代王、好太王の業績を称えるため、四一四年当時高句麗の都であった吉林省集安市に建てられ、一八八〇年に農民により発見された。一八八四年情報将校として実地調査をしていた酒匂大尉がその拓本を参謀本部に持ち帰った。

日本側の判読は「日本の軍が朝鮮半島に攻め入った」となる。これに対し、韓国や北朝鮮においては、「倭が辛卯年（三九一年）に（高句麗に）来たので（高句麗は）海を渡り（倭を）破った」と判読する見解がある。

何故日本と朝鮮の間に読み方の違いが出るのか。中国の王健群は著書『好太王碑と高句麗遺跡』（読売出版社、一九八八年）に次の解説を行っている。

「好太王碑文の中に『倭・・・臣民』などの字句があることを利用し、これと『日本書紀』の中の道理にそぐわない伝説と結び付けて、当時、朝鮮半島南部の伽耶地方に、いわゆる『任那日本府』が確かに存在していたと肯定すると同時に、それを当時の植民政権と見なし、そこから朝鮮を併合するための歴史的根拠をつくりだした…（中略）…そこで『任那日本府』の学説は『定説』となり、長期にわたり、日本史学界を支配した。戦後、とりわけこの二十年、朝鮮の歴史学者は、『南鮮経営』の理論に反対した。そして、「倭は、ただ当時の北九州一帯に、単独に存在した地方政権ないし政治勢力でしかなかった」「『倭』が百済と新羅を侵したのも、北九州一帯の倭国内の略奪者が群れをなし徒党を組んで、海賊式に朝鮮半島南部に侵入、殺人略奪、物資徴発を行ったのにすぎない」と論じている。

「日本の文化は韓半島に起源」韓国人研究者の見解

〈韓国の学界には、古代韓半島の先進文化が一方的に日本列島に伝わっただけでなく、列島の文化はすべて韓半島に起源するという認識がある〉
〈前方後円墳が弥生時代の墳丘墓から進化して、三世紀中葉に日本列島で出現すること、栄山江流域の前方後円墳は造営時期が六世紀前葉に限定されることから、この墓制の起源が日本列島にあることは再論の余地がない〉

出典：朴天秀著『加耶と倭　韓半島と日本列島の考古学』（講談社、二〇〇七年）

解説

日韓には双方のナショナリズムが強く存在し、古代の日韓の交流の解釈にも影響を与えている。朴天秀は一九六三年生まれ慶北大学校教授。

朴天秀教授は古代の朝鮮半島の文化の日本への移入に関して、「韓半島と日本列島は一衣帯水の関係といわれている。両者間の交流はすでに旧石器時代にはじまり、黒曜石と土器の移動から、新石器時代には丸木舟を利用した往来が活発に行われていたことがわかっている。青銅器時代には、韓半島から渡った移住民によって、日本文化の根幹を形成した稲作を中心とする弥生文化が開かれる」「韓半島と日本列島間の悠久の交流のなかで、文物と人の往来が最も活発な時期は、韓半島の三国時代、すなわち日本列島における古墳時代である。日本列島の古墳時代に出現する華麗な金銅製装身具や馬具などの金工品、陶質土器、鉄素材と各種鉄製品は、韓半島の南部地域で製作され、移入されたものである。これとともに、製鉄、金工、製陶、土木などの技術をもった工人らが移住する」としている。

こうした流れの中で、「任那日本府」の存在について見解が分かれることを指摘する。

朴天秀教授は朝鮮半島の文化が日本文化の形成に大きな影響を与えたとしつつ、交流は一方的ではなかったとして、日本の前方後円墳が朝鮮にも存在することをあげている。これは文化が朝鮮から一方的に流れるのではなく、日本からも流れていたことを示す。朴天秀教授は「韓国の研究者の中には、前方後円墳の存在を意図的に回避する傾向も見られた」と指摘している。日韓には双方のナショナリズムが強く存在し、それが古代史の研究の障害になっている。

「白村江の戦い」の真実

【『旧唐書』劉仁軌伝】

「仁軌（の水軍）は白江口で倭軍に出会い、四回戦って勝ち、その船四〇〇隻を焼き払った。煙は天にみなぎり、海水は皆赤く染まった」

【『日本書紀』】

「日本の諸将と、百済の王は、気象を観ずして、お互いに『我先を争はば、彼はまさに自ら退くであろう』と言った…（中略）…大唐、便ち左右より船を挟んで戦う。しばらくの間に官（倭）軍は敗績してしまった」

出典：『旧唐書』『日本書紀』

解説

白村江の戦いは、六六三年、倭（日本）、中国（唐）の軍が、朝鮮半島を舞台に戦った出来事である。

この戦いにおいては、日本と百済軍は、海水の干満の差を考慮せず、へさきを廻すひまもなくぬかるみに釘付けにされ、左右から船が挟まれ敗れている。戦術的ずさんさによる敗北である。

百済最後の王の王子、豊璋が渡来し、日本にいる間に、六六〇年、唐・新羅の連合軍が百済を滅ぼす。その後百済の首相に相当する人物が反乱を起こし、中大兄皇子（後の天智天皇）は百済再興を支援することを決定、大軍の派遣により百済の再興がなされたが、唐・新羅軍の侵攻を招く。最終的に、六六三年白村江で唐・新羅軍と百済・倭が戦い、百済・倭が敗北する。

全榮來は一九二六年生まれ。韓西古代学研究所長。著書『百済滅亡と古代日本』（雄山閣、二〇〇四年）において、「『日本書紀』天智紀には百済興復軍に対する救援記事がいくたびか重なって残っている。……（中略）……（日本書紀においては）倭国王が百済を自国の属国のようにみなし、あたかも、豊璋王に対する任命権を持ち、彼を臣下のように取扱っていることである。（天智紀元年〈六六二〉五月に「大将軍大錦中阿曇比羅夫連等船師――一百七十艘を率いて、豊璋等を百済国に送る。宣勅して、豊璋等を以て其の位を継がしめた」と記載している。

日本では、大敗を契機に、①「防人」の設置、②都を難波から内陸の近江京へ移転、③天智天皇は唐との関係の正常化を図り、河内鯨らを正式な遣唐使として派遣。河内一族は、「出自百済国都慕王男陰太貴首王也」とされている。

「遣唐使」中国側はどう見ているのか

・遣唐使は六三〇年発足、八九四年に終止符
・遣唐使派遣で約五千二百人が中国訪問
〈(長安城は)世界の文物を激しく呑吐し、各国の使者をしきりに送迎して、いわゆる政治と経済を有機的に結びつける朝貢貿易権の軸心〉
〈朝貢国の数は、突厥、吐蕃、回鶻、沙陀を除くと、ちょうど五十カ国〉

出典:王勇著『唐から見た遣唐使』(講談社、一九九八年)

解説

王勇は一九五六年生まれ。浙江工商大学教授・日本文化研究所所長。中国日本史学会副会長を歴任している。彼は前掲著書で、「遣唐使は舒明天皇二年(六三〇年)に発足し、寛平六年(八九四年)に終止符を打たれることとなる」(注:菅原道真は『大唐が衰えている』と書き記された入唐僧中瓘の書状を根拠に廃止を建議)が、その派遣数は諸説ある(一九回、一八回、一四回、一三回、一二回等)。「五千人あまりの遣唐使人は彼我の文物流通をうながす主役として活躍したのみならず、みずからの学識と教養および風貌を中国人に強く印象づけ、唐代の日本観を大きく変容させた」と記している。その説の補強として、王勇は「日本側の人選では好学、容貌、風采、態度などが選考の条件」とする森克己氏

（中央大学教授等）の説を紹介している。

さらに、八回目の遣唐大使をつとめた粟田真人について、『旧唐史』はその衣冠を詳しく記し、「好く経史を読み、文章を上手く作る」と学識をほめたたえ、さらに「容姿は温雅なり」と容貌まで記している。則天武后から「司膳卿」を授けられたのは、粟田真人の人物に対する評価とみてよかろう、第十次遣唐使が玄宗より託された国書には、日本が「礼儀の国」と称賛されたと記している。

ライシャワーの『ザ・ジャパニーズ』は「中国文化の借用にあたっては、政治の刷新がその主眼であった」「日本人は中国風の芸術作品を創り出したが、それらは中国の第一級品とも容易に肩を並べられるできばえだった」「当時、世界最高の文明を誇っていた中国が師匠にあたったということは、日本人にとって大きな恩沢であった」との評価を行っている。

番外編：「遣唐使」山上憶良が見た唐の文化

・憶良が最も驚いたのは、彼等が語った人生観についてである。憶良が日本で友人達と語った人生観といえば、早く役人となって地位を得て、いまのつらい仕事から解放されたいという程度のものであった。だが（唐で）彼らが熱っぽく語る人生観には、深い道徳観や宗教観がある

出典：辰巳正明著「在唐時代―生涯」（中西進編『山上憶良　人と作品』桜楓社、一九九一年）

解説

辰巳正明氏は一九四五年生まれ。國學院大學名誉教授。二〇一八年日本学賞を受賞。前掲書からの引

用。前掲書は「ひとり仏教思想に根ざし、人生の哀歓を歌った憶良の生涯」を主に描く。

山上憶良は柿本人麻呂と並び、万葉集の代表的歌人である。彼は世の中の貧しい人たちの溜息、子を思う気持、老残の身の苦しさ等を歌い、万葉集の幅の広がりに貢献した。

「憶良はこの国（唐）が儒教の国でありながら、仏教を優先し仏教文化が隆盛するとともに、さらには道教と呼ばれる固有の民族宗教も盛んであることに不思議な感慨を覚えた。むしろ、こうした儒仏道の思想・宗教の隆盛の中で、それをエネルギーとして中国の文化が成立しているのだと思った。憶良がこの在唐時に知り合った数多くの知識人たちの考えは、単に儒教の思想のみでなく、深い仏教や道教の思想の理解によっている。しかも、それぞれの視点から自らの考えを主張して、あるべき政治や社会の理念を論議する姿に驚くのであった」

「彼らが熱っぽく語る人生観には、深い道徳観や宗教観がある。何よりも憶良を感動させたのは、彼らが、いかなる人間も、生涯にわたって人間の苦からは逃れられないのだと考えていることについてであった。それは仏教的宗教観だけから主張しているのではなく、儒仏道の思想を十分に踏まえて語られるところの人生観であるのだ」

「このとき、憶良ははじめて学問とは何かということに気付いた。自分たちの学問は、確かに優れた国を作るために必要な学問であり、それを求めて中国へ来た。だが、そうした学問がひとりひとりの深い政治観や道徳観、人生観に根ざしていることを知ったのである。『人は、どの様な人生観を持つか』憶良はそのことを深く心にとどめた。中国へ来て最も大きな収穫は何かと問われれば、憶良は迷うことなく右の問いかけを得たことだと答えることだろう」

「開国」によって栄えた奈良時代

〈奈良が日本の首都だったのは、紀元七一〇年から七八四年までのたったの七十四年間〉
〈この短い期間に人間、思想・文物が目覚ましい発展を遂げて繁栄したため、今なお当時の光明が感じられる〉
〈奈良の芸術が、日本のどの時代の芸術にも増してさまざまなモチーフ、様式、流派、影響、示唆に富んでいるのは、まさにこのコスモポリタニズムのためである〉
〈彼等は半原始状態の奈落の底から、歴史の陽光の当たる場所へと這い上がった〉
出典：フォスコ・マライーニ著『随筆日本―イタリア人の見た昭和の日本』（松籟社、二〇〇九年）

解説

フォスコ・マライーニは一九一二年生まれ。一九三九年来日。一九四一年に京都帝国大学の教員。収容所入り後、戦後帰国し、フィレンツェ大学に日本語・日本文学科を創設した。

マライーニは前掲著書で、奈良の輝きをイタリア人らしく、人間に例え、奈良の輝きを「長い人生の中の数日、数カ月が、恋愛や充実した仕事、信仰、あるいは卓越した人物との出会いや輪廻転生によって、後で振り返ると、ごく短い期間であったこととは不釣り合いなほど、輝かしく、意義深く見えることがあるのだ。その光り輝く期間が過ぎると、日々はそれまでどおり、疲れた馬車馬のように走りはじめ、人の歳月に、民族全体にとっての世紀に、もはや悲しみも喜びもなく、ただ積み重なっていくだけ」と、奈良時代に最高の賛辞を送っている。

奈良時代は国家建設の端緒についた時代であるが、都・平城京を長安に模して建設したことに代表される如く、積極的に海外の優れたものを取り入れ、雲崗の石窟寺院、中央アジアの芸術等の側に日本で作られた最初期の仏像がおかれている状況を作る等、コスモポリタニズムに満ちた文化を形成した。同時に、奈良時代の特色を「宮殿と言っても、中世の要塞から発達した西洋の宮殿の厳めしさとは大きく異なる。東洋において宮殿は常に『軍事的要素』の対極をなすもの、つまり文民的で上品な建築だった。…（中略）…言うなれば、自然に従い、これを迎え入れ、絶妙な調和を保ちながら、そこに人間味を加えた建築であった」と日本の独自性を指摘している。

日本史で輝かしい発展を遂げた時は、奈良時代、南蛮文化の到来、開国後の西洋文明の到来等、コスモポリタニズム的な物に日本社会が遭遇し、爆発的進歩を遂げた時である。

「神道」と「仏教」の違い

・初期の神道は、なによりも豊穣に関心

〈仏教を最も哲学的なかたちで理解していた若干の誠実な仏教僧のあったことも疑う余地はないが、日本で初めて受けいれ、展開した時代の仏教の重要な役割が大部分呪術的〉

〈経典は、本質的な内容でなく、読経がもたらすと考えられる呪術的効果のために、しばしば読誦された〉

出典：ロバート・ベラー著『徳川時代の宗教』（岩波書店、一九九六年。原書は一九五七年刊）

解説

ロバート・ベラーは一九二七年生まれ。アメリカの社会学者でハーバード大学教授などを務めた。

ロバート・ベラーは前掲著書において、初期の神道は、「豊穣」と「災害の祓い」が主たる関心であるとして、「収穫の祈りと感謝の儀式は、儀礼の年中行事において重要な位置を占め」「豊饒、祓い等の儀式は『原始的形式』で最近まで続いてきた」としている。

彼は同じく、仏教の「災害の祓い」を次のように記している。

「日本の仏教は神道と非常によく似た発展過程をたどった。…（中略）…たとえば七世紀に雨を呼ぶために読まれた経典の記録があり、とくに『大雲経』はこの目的に適うものと考えられた。他の経典も、洪水が懸念される時、雨の降らないように読誦された。…（中略）…いろいろの目的をとげるために、設斎の法会が多くの僧侶に対して催された。いろいろな呪術的効果を得るために、ある方向に向かったり、ある程度声を大きくしたり和らげたりなど、種々の特別な方法で経典を読誦する大集会が開かれた。そのような集会では『仁王経』がしばしば読まれた。その主たる目的は、国家の平和と繁栄を確保することにあったが、しかし雨をよんだり、…（中略）…流行病を防いだり、月食や彗星などの不吉な前兆から生ずる悪い結果を避けるためにも読誦された」

多くの国の宗教では生き方を追求する。だが、日本の宗教において主たる目的が「豊穣」と「災害の祓い」の祈りであるとすれば、生き方を追求する側面はさして重要視されない。

なぜ「八百万の神々」が生まれたのか

〈天と地とが混沌たるものの中から創られた後に、神々が生まれ出た。（イザナギイザナミは）結婚し、イザナミは日本の島々、海、河川、山々、樹々を生む。…（中略）…この説話は日本固有の神話の凡てを理解する鍵である。自然の諸現象は神化され、生あるもの生なきもの悉く皆神であり、又神々の生んだ子である〉

出典：ジョージ・B・サンソム著『日本文化史（上）』（創元社、一九五一年）

解説

ジョージ・B・サンソムは一八八三年生まれ。英国の外交官で、日本に関する歴史学者である。

『古事記』は「カムムスビの神が、すべてを作り出す最初の神となり、そこで男女の両性がはっきりして、イザナギの神、イザナミの神が、万物を生み出す親となりました」ではじまり、イザナギ、イザナミの神が日本の創成に当たったことを記載する。

多くの歴史学者は、『古事記』のこの記載部分を歴史的な史実ではないとして軽視してきたが、サンソムはこの記述に日本の特性を見出す。サンソムは日本の宗教が自然と極めて深い関係にあることに着目している。

「自然の現象は神化され、生あるもの生なきもの悉く皆神であり、又神々の生んだ子である。日と月のみが神であるのではなく、山も川も木も神である。嵐も亦神である。いう迄もなく、スサノオの悲鳴が洪水でもあれば、暴風でもあり、又この神々の乱暴は暴風による損害そのものであった。故に説話の大部分は、日本人の辨別し得たあらゆる物、あらゆる部類に相応ずるように、神々の誕生をそれに関連させようとした」としている。

「カミがゴッドと同一な観念の範囲にピッタリ合うと思うのは間違であろう。…（中略）…この言葉（カミ）が応接に暇のない程使われているのは、古代の日本人にとって、目に見える世界も見えぬ世界も、さまざまの力あるもので満ち満ちていたことを示す。遥か後に神道すなわち神の道と呼ばれた宗教は、その最初の形態に於ては、自然のままの雑然たる多神教であったと思われる」としている。日本においては自然の脅威は、地形、多様性を持つ気候等多面性を持ち、呪術的意味合いを持つ神もおのずから多様性に富むことになったのであろう。

「万葉集」を評価したドナルド・キーン

〈万葉集は日本最古の歌集であるだけでなく、ほとんどの日本文学研究者の意見では日本最高の歌集〉
〈吐露されている感情の激しさが、歌に緊迫感と力強さを与えている〉
〈さまざまな社会階層の歌人が名を連ねている点でも、後世の、主として宮廷で作られた歌ばかりを集めている歌集とは異なる〉

出典：ドナルド・キーン著『日本文学の歴史（一）』（中央公論新社、一九九四年）

解説

ドナルド・キーンは一九二二年生まれ。米国出身の日本文学者。一九五三年来日。ドナルド・キーン著『日本文学の歴史（一）』において、後世の詩歌集と比べた万葉集の特徴を次のように指摘している。

①詩型と題材が豊富な歌集は万葉集の他にない
②さまざまな社会階層の歌人が名を連ね、後世の、主として宮廷で作られた歌ばかりと異なる
③何よりも、吐露されている感情の激しさが、歌に緊迫感と力強さを与えている。和歌や俳句といった短詩型では、明言できることが限られており、その限られた内容をふくらませるため、後

世の歌人は暗示に頼ることが多かった。『万葉集』の歌にも暗示はみられるが、読者の印象として残るのは、歌人の体験と心情を直截に表現した特異な位置を占めている。

ドナルド・キーンが最も重要視しているのは直截的表現の力である。

「万葉歌人は、単なる感傷にとどまらない真の悲劇、単なる感動にとどまらない赤裸々なドラマを歌に詠むことができた。そこに『万葉集』の強さがある。たとえば、道端や海岸に転がった死体を見て、そのときの思いを詠んだ歌がいくつもある。だが趣味のよさが歌作りを支配するようになった『古今集』や『新古今集』には死者は出てこない。桜が散るのをみて、死者を見た時と同様の無常を感じられるものなら、桜の花を詠んだほうが趣味が良い。事実、散る桜を詠んだ歌の中には、時の移ろいを強烈に感じて、読者の涙をさそうほどのものもある。しかし読者が受ける衝撃の度合いは、やはり散る桜より死体のほうが格段に大きい」

「法隆寺」はなぜ美しいのか

〈恐らく世界最古の木造建築であり、又最も美しいものの一つであろう。それは好い趣味と、驚くべき進歩と自由さとを持つ建築技巧との所産〉

〈建物の方はそのままの模倣ではなく、日本の材料と習性とに適応させようとした跡がある〉

〈百済観音、ほつそりと丈け高く、しなやかな木像、その名の通り朝鮮から来たと思われる〉

出典：ジョージ・B・サンソム著『日本文化史（上）』（創元社、一九五一年）

解説

先にも取り上げたサンソムは英国外交官であり、日本専門家。

前掲書においてサンソムは仏像について「仏像は朝鮮から渡来し、宗教熱が高まるにつれ、人々は仏像を礼拝し、又仏像を安置する寺を建立し、功徳を得ることを望んだ。この時代の始め数十年間には多数の美術家や職人が朝鮮又は支那から来た」としているが、なぜ中国から人々が渡来したかについて「恰度、五七四年頃から北支那では仏教の一時追放で、多数の僧侶美術家職人が追い出されて、山東から朝鮮諸国に来住していた」ことに触れている。

法隆寺について「六四〇年までには日本で建てられた寺の数は四十六と記されている。…（中略）…殆ど完全に消滅した。然し不思議な幸運によって、素晴らしい建物が少し残っている。その中の最も有名なのが…（中略）…法隆寺の金堂、塔。廊、門である。…（中略）…金堂は重層で、岩乗な柱にはエンタシスがあり、少し重々しい斗栱をのせている。然し均衡は正しく、大きな瓦屋根の曲線が気持ちよいので、重苦しい感じではなく、高く聳え立つような雄大な感じがする」としている。さらに、建物だけでなく、立地にも着目し、「広い平地を選び、豊かな空間を置いて、調和よく配置した建物全体の美もこの時代の興味ある一特色」としている。

仏像に関しては、広隆寺の彌勒菩薩像について、「十二世紀以上の香煙に黒ずみ、敬虔な手に磨り研かれて輝いている。深くも人の心を動かす作であり、その完璧の美はあらゆる時處を超越するかと思われる」と絶賛している。

番外編：「万葉集」が世界古代文学の「最高峰」である理由

【柿本人麻呂】

〈茜さす　日は照らせれど　ぬばたまの　夜渡る月の　隠《かく》らく惜《を》しも〉（注：日並皇子尊（草壁皇子）の殯宮《あきらのみや》の時に詠んだ歌）

〈大鳥の　羽易《はがひ》の山に　汝《な》は恋ふる　妹《いも》は座主《います》と　人の云へば　岩根《いわね》さくみて　なづみ来し　良《よ》けくもぞなき　うつそみと　思ひし妹《いも》が　灰にて座《いま》せば〉

〈淡海《あふみ》の海　夕波千鳥《ゆふなみちどり》　汝《な》が鳴けば　心もしのに　古《いにしへ》思ほゆ〉

〈秋去らば　今も見るごと　妻恋《つまご》ひに　鹿《か》鳴かむ山そ　高野原《たかのはら》のうへ〉

〈秋の田の　穂向《ほむき》の寄れる　片寄りに　君に寄りなな　言痛《こちたく》ありとも〉

〈いや遠に　里は離《さか》りぬ　いや高に　山も越え来《き》ぬ　夏草の　思ひ萎《しな》えて　偲《しの》ふらむ　妹《いも》が門《かど》見む　なびけこの山〉

〈うつせみし　神に堪《あ》へねば　離れ居て　朝嘆《なげ》く君　放《さか》り居て　わが恋ふる君　玉《たま》ならば　手に巻き持ちて　衣《きぬ》ならば　脱《ぬ》く時もなく　わが恋ふる　君そ昨《きぞ》の夜　夢《いめ》に見えつる〉

〈眞木柱《まきばしら》　太き心は　有りしかど　このわが心　鎮《しづ》めかねつも〉

【山上憶良】

伏廬《ふせいは》の　曲廬《まげいは》の内に　直土《ひたつち》に　藁解《わらと》き敷きて　父母は　枕の方《かた》に　妻子《めこ》どもは　足《あと》の方に　囲《かく》みゐて　憂へさまよひ　竈《かまど》には　火気《ほけ》吹き立てず　甑《こしき》には　蜘蛛《くも》の巣かきて　飯炊《いひかし》く　事も忘れて

出典：リービ英雄著『英語で読む万葉集』（岩波書店、二〇〇四年）

解説

リービ英雄・プリンストン大学教授が評価した「万葉集」から柿本人麻呂と山上憶良の歌を選んだ。リービ英雄は一九五〇年生まれ。プリンストン大学教授等を務める。日本語を母語とせずに日本語で創作を続けている作家。『英語で読む万葉集』から引用。

第四章　平安時代――「大和魂」の誕生

平安時代の最大の特色は、唐文化を導入した奈良時代を継承しながら、「国風文化」を確立したことにあろう。分岐点となったのは、遣唐使の中止である。

寛平六年（八九四年）遣唐大使菅原道真による建議「請令諸公卿議定遣唐使進止状」により遣唐使は停止された。その建議とは次のようなものである。

「在唐の僧中瓘、去年三月商客王訥等に附して到す所の録記を案ずるに、大唐の凋弊、之を載すること具《つぶさ》なり。度々の使等、或いは海を渡りて命に堪へざる者有り。或いは賊に遭ひて遂に身を亡ぼす者有り。唯、未だ唐に至りては、難阻飢寒の悲しみ有りしことを見ず。国の大事にして独り身の為のみにあらず」

つまり最大の理由は「唐の衰退」にあった。

唐は、八五九年の裘甫《きゅうほ》の乱、八六八年の龐勛《ほうくん》の乱、八七四年の黄巣《こうそう》の乱と続き、結局は黄巣の部下だった朱温が朱全忠を名乗り、九〇七年、朱全忠は哀帝より禅譲を受けて後梁を開き、唐は滅亡した。菅原道真は、「唐の凋弊《ちょうへい》」を理由に遣唐使の派遣を絶った。その後も「宋」の商人、渡航する僧等による交流はあるものの、国対国の関係はなくなる。

日本の国風文化を代表するのが、「古今集」である。『古今集』は九〇五年に醍醐天皇に奏上された。

その醍醐天皇は藤原時平の讒言《ざんげん》を受け入れて、遣唐使廃止を進言した菅原道真を大宰府に左遷する。

これ以降、日本は独自の文化を花開かせる。

ライシャワーはこの時期を次のように評価した。

「日本の散文文学がはじめて花開いた黄金期は、十世紀末から十一世紀初めにかけてであった…（中略）…宮廷の女性たちの手になる日記や小説は、日本に真正の固有文化が発達したという確かな証である。これらは中国文学の中にいかなる原型もみいだしえない正真正銘の日本文学だ。中国渡来の文明は、新しい文化となって花開き、自らの表記法で日本人はたちまち独自の文学作品の逸品を生み出したのである」

アイヴァン・モリスは英国の外交官、日本文学研究者であるが、彼の視点はスケールが大きい。彼は平安時代という一時代だけに視点を置くのではなく、日本の歴史に通底する、ある一つの歴然たる傾向に着目している。

彼は、「日本が外来文化のほとんどを無差別に移入し、模倣していた貪欲な借用の時代が過ぎると反動期が来る。日本の眼は自国に向けられ、外来様式を消化し、日本独自の型に嵌め込み、適応せしめ、肌合いが違うと感じる物をはねのけることに全力を集中させるようになる」として、中国文化吸収後の平安時代の国風文化、南蛮文化吸収後の鎖国、明治初期における西洋文化の吸収後の国粋主義の台頭に、同じサイクルを見出している。

更にモリスは平安時代に言及して、「重要なことは、彼等の胸のうちに疑いなく去来していたはずの思いである。日本は中国よりも新しい、さりとて、その独自の文化、特有の生活様式を日本は持っている、そしてそれは必ずしも劣ってはいない――という思いである。『大和絵』とか『大和魂』という言葉がこの頃使われるようになる」と指摘した。

「大和魂」という言葉は第二次世界大戦前、および戦中に盛んに使われ、「軍国主義」と極めて密接な関係があると私たちはみなしている。

では現存する文献で「大和魂」が使われている最古の例はなにか。『源氏物語』である。

第二一帖「少女」に、「なほ、才をもととしてこそ、大和魂の世に用ゐらるる方も強うはべらめ」（訳例：やはり学問が第一でございます。日本魂をいかに活かせて使うかは学問の根底があってできることと存じます）がある。

ちなみに「大和絵」とは何であろうか。「大和絵」の意味は、時代によって異なっている。平安時代から一四世紀前後までは、「大和絵」とは画題の概念であり、日本の故事・人物・事物・風景を主題とした絵画のことであった。対立概念の「唐絵」は唐（中国）の故事・人物・事物に主題をとった絵画であり、様式技法とは関係がない。

一方、一四世紀以降の「大和絵」は絵画様式の概念であり、平安時代に確立された伝統的絵画様式を「大和絵」と呼ぶようになった。

平安期の文学はあくまで日本社会を土台にしたものである。『源氏物語』や『枕草子』が描くのは貴族社会で生きる人々である。『枕草子』が貴族社会以外の者へ冷たい視線を向けていることを指摘する外国人評論家も存在する。

日本に独自の文化が誕生した理由

〈日本が外来文化をほとんど無差別に移入し模倣していた、貪欲な借用の期間が過ぎると、反動期が来る。日本の眼は自国に向けられ、外来様式を消化し、日本独自の型に嵌め込み、適応せしめ、肌合いが違うと感じる物をはねのけることに全力を集中させるようになる〉

出典：アイヴァン・モリス著『光源氏の世界』（筑摩書房、一九六九年）

解説

外国の日本研究者の中でも、アイヴァン・モリスは極めて知的水準の高い分析を行う研究者と言えるだろう。

彼は、前掲書の中で、「源氏の世界」つまり平安時代を理解するにあたり、「中国の影響の実体とその影響を見定めること」が特に重要だとしている。

「七世紀、八世紀の日本は、幾つかの、大規模な『借り入れ』の時期のひとつにあった。…（中略）…九世紀以降、大陸との関係は親密さを欠き、唐文化に対する変化が生じた」とみなし、平安時代に国風文化の追及が起こったとみている。そして、「これは振り子運動の初期の一例であって、その後この島国の歴史の上に吊された振り子の錘りは幾たびか、もとに揺れ戻っている」としている。

その証拠に、「また中国文化の影響と優勢が、後期足利時代に盛り返す」。さらに「一六世紀西洋人が渡来し、激しい西洋熱が沸く。その後鎖国の断行である」と、「外国文化の受容」と「揺り戻しの日本調」の繰り返しを指摘する。そして「再び一九世紀日本は気が狂ったように西洋から借用を行う。明治初期がすぎるとますます国粋主義の誇りと特有の日本調が強調され、ついには一九三〇年のあの陰惨なクライマックス—超国家主義と外国排斥—に達するのである」と指摘している。

「一〇世紀の日本はまさに島国として孤立していた。これは在住外国人の稀少なことに反映されている。……（中略）……（紫式部）は一度たりとも京の外国人を描いていないのだ。……（中略）……この世界の持つ最も大きな魅力、特殊な強烈な統一した文化が生まれたのは、実にこの孤立した自己充足的性格があったことによるところが大なのである」

日本史における「振り子運動」は如何なる条件のもとに起こるのであろうか。

「日本語」はどのように誕生したのか

〈新しい文物を借用するより、すでに取り入れたものを、完全に自家薬籠中のものにするほうへと力点が移っていた〉

〈中国の模倣から脱しつつあることを最も端的に示す徴《しるし》は、九、十世紀のあいだに日本語に適した表記法の発達をみたことにあらわれている〉

出典：エドウィン・ライシャワー著『ライシャワーの日本史』（講談社、二〇〇一年）

解説

ライシャワーは中国文化から、固有の文化への変化の過程を「中国大陸から日本が最も精力的に学んだのは、六世紀末から九世紀中ごろまでの期間であったが、やがて、中国に対する日本人の態度に微妙な変化が現れ始めた」「ゆっくりと変容をとげていた」としている。

「日本人はもはや未開人ではなかった。圧倒的優位にある大陸文明に恐れをなしたり、中国のものならなんでも猿まねするということもなかった。日本の文化は成熟の域に達しつつあり、これから独自の方向へ発展しようとしていた」

「日本の散文文学がはじめて花開いた黄金時代は、十世紀末から十一世紀初めにかけてであった」

平安期の政治状況に関しては「権力は要職についた貴族の手中に握られ、彼らはそれを自分たちの私益に都合がいいように濫用した」「宮廷貴族は地方任務を嫌がり代理を送ってすますようになり、そのため、ただでさえ弱体化の傾向にあった地方に対する中央の統率力がいっそう弱くなった」「八世紀のあいだに、課税対象の土地が次第に侵食されて、中央政府の財政基礎は弱体化していたのである」と指摘している。

「有能とはいえない藤原氏」がなぜ天下をとったのか

〈平安初期の天皇の多くに就いていえば、…（中略）…記録すべきことは皆無である。それは無能であつたからではなく、理由は簡単で、政治することを許されていなかつたからである〉

〈藤原氏の摂政はどうかというと、その実績からみて成功した行政家ではなかったが、非常に巧妙な政治家である場合は屢々あつた〉

出典：ジョージ・B・サンソム著『日本文化史（中）』（創元社、一九五一年）

解説

平安時代は、勿論天皇が政治を行う建前は持ってはいたが、実際には藤原一族が天皇の外戚として摂政や関白等の要職を占め、政治の実権を代々独占し続けた。サソソムはこの時代についての分析を次のように行っている。

「（天皇は）歌人であり、一二は立派な学者であり、又大能書家もあり、純信の仏教徒もあり、背徳の人も少しはあった。統治の才を持つ人も多かったかもしれぬ。然しそうだとしても、それを使わぬ為に萎縮していたし、又皆境遇に強いられて芸術愛好家の生活を送るか、世捨人となるか、或いはこの二つを併せたものとなった」

「（藤原氏等の）人々の失敗は才能の足らぬ為よりもむしろ、避け難い事件の圧迫によるものであった。…（中略）…時平の短い執政の期間中に努力したことは、無税の荘園の殖えるのを抑制すること、農民が割当地を棄てて無税地主の許に移ったり、他の方法で夫役をのがれたりするのを防ぐこと、生活費制限令を履行して官吏の腐敗を矯正すること、総じて、…（中略）…中央政府を疲弊させその実質的権威を奪おうとしていた諸傾向を制止することであった」

「藤原氏の生命を保ったのは、朝廷の権威を…（中略）…利用し、その敵手相互の嫉視や野望を巧みに操縦した技量によるものであった。…（中略）…然し、こういう固唾を飲ませるような離れ業の均衡はいつまでも続くものではなかった」

「東部日本にも殆ど独立していたといってよい多数の藤原氏の大地主や藤原氏以外の勢力家があって、天皇の権威に対して挑戦する用意を整えていた」

仏詩人はなぜ「古今集」を評価したのか

〈古い日本の詩歌が目的とするのは、言葉の構成の中に人間の心の交錯を反映させることではなく、自然界の不変の外観を明示し、ほとんど感じ取れないような身振りで、その自然界の永遠の意思を示すことなのです〉〈千百年ほど前に『古今集』の序文に述べられているとおり、大和の詩歌は、人間の心を種にして、そこから言葉のピラミッドへと発展したものなのです〉

出典：ポール・クローデル著『天皇国見聞記』（新人物往来社、一九八九年）

解説

ポール・クローデルは一八六八年生まれ。一九二五年に駐日仏大使として来日後、駐米大使も務めた。詩人、劇作家として著名で、二〇世紀前半の仏文学における最も重要な作家の一人であり、ノーベル文学賞の候補に六回選ばれている。

クローデルは前掲書で、日本の詩歌の特質を自然との結びつきとし、詩人の言葉で日本文化の特性を説明している。

「日本のすばらしい自然の中を散歩して誰もが感嘆するのは、いちはつの茂みや金色の木の葉をつける枝や水車の輪や藁ぶきの屋根や薄くなって読めなくなった碑文だけで、いかに一挙に自然の一隅を照らしだし、そこに隠れた真実を感じさせ、散らばった要素を統合するに十分であるかなのです。たとえば枯れゆくつつじの枝の中にも、今にも消えんとする自然界の一つの局面を見ないわけにはまいりません。つつじが蘇《よみがえ》るには、都合の良いたった一度だけの時期の一度だけの季節に戻らねばならないのです。私には、あなたがたの詩歌、少なくとも私の存じております詩歌は、それと同じような役割、しかもよりいっそう秘めやかで本質的な役割をなしているように思われます。ひとつの風景を呼び覚ますには、人間の心の感情は藤の房や萩の茂みにひけをとりません」

「このような静的な宇宙についての瞑想と対照的なのが、西洋の詩歌の抒情的、もしくは悲劇的と呼べるような考え方です」

「『源氏物語』は世界の一流品」と断言した米国の学者

〈欧米の学生が、先生の授業で『源氏物語』の話を聞いて、何に一番興味を示すんでしょうか〉

…（中略）…『源氏物語』の人物描写じゃないでしょうか。…（中略）…西洋の十八世紀以来の小説の中心は、人物描写です。…（中略）…人物描写で、千年前に、本当の小説ができていたということです。それから、その抒情性です。特に自然の描写。それは、みんな珍しく思って感心する所です。…（中略）…西洋でこれだけ自然を問題にする小説はまずないと思っています〉

出典：伊井春樹編『世界文学としての源氏物語：サイデンステッカーに訊く』（笠間書院、二〇〇五年）

解説

エドワード・サイデンステッカーは一九二一年生まれの米国の日本学者。『源氏物語』の英語完訳のほか、川端康成の『雪国』も英訳（注：この英訳には問題が多い）し、川端のノーベル賞受賞にも貢献。サイデンステッカーは、「世界文学の中にあって一流品と認めなければならないのは、紫式部と芭蕉くらいじゃないでしょうか」という評価をしている。

その上で、「西洋の十八世紀以来の小説の中心は人物描写」であるが、『源氏物語』は「やはり人物描写で、千年前に本当の小説が出来ていた」と評価している。

サイデンステッカーは『源氏物語』が持つ形式の特徴を次のように説明している。

①西洋の小説は会話を通じて人物描写を行うが、『源氏物語』は非常に会話の少ない小説である。ただし歌が会話の代りになることもある。

②心理描写もあまりない。あるとすれば独白の形をとっているが、非常にうまくできている。具体例としては紫の上が「女性はつまらないものだなあ」と自分語りをする場面など（原注：「夕霧」巻、紫の上が「女ばかり、身をもてなすさまもところせう、あわれなるべし」と嗟嘆する下り）。

③自然の描写が非常に多い。特に「月」の使い方がいいと指摘している。

また仏教的記述について、「『源氏物語』に出る仏教はいろんな形がありますが、一番多いのは『無常』ということじゃないでしょうか。無常観というのはどこにでもあるんですよ。何も仏教とか日本とかということじゃなくて、普遍的なものだと思いますね」と答えている。

清少納言「枕草子」は「真似のできない傑作」

〈(『枕草子』) 鋭敏な感性から生れた文体、…(中略)…これ以降、無数の日本人が随筆を書くことになるが、清少納言の声を真似できたものは一人もいない〉〈枕草子には自分の情事にふれている部分がある。「又、冬のいみじう寒きに、おもふ人とうづもれ伏して」〉

出典：ドナルド・キーン著『日本文学史（古代・中世三）』（中央公論新社、二〇一三年）

解説

ドナルド・キーンは「日本の『随筆』とよばれるジャンルで、きらめくような才気煥発ぶりを発揮している作品といえば、誰もが清少納言の『枕草子』をあげるだろう」と高い評価を与えている。清少納言個人について、「(清少納言は) 少なくとも二回は正式に結婚しているが、それ以外にも、宮中の何人かの男性と関係をもっていた。…(中略)…枕草子には自分の情事にふれている部分がある」として、「冬の夜のいみじう寒きに、おもふ人とうづもれ伏して聞くに、鐘の音の、ただ物の底なるやうに聞ゆる、いとをかし」の部分を引用している。

『枕草子』第一段を見てみよう。「冬はつとめて。雪の降りたるは言ふべきにもあらず、霜のいと白きも、またさらでもいと寒きに、火など急ぎおこして、炭持て渡るも、いとつきづきし」上の「冬の夜に」を重ねると、特別の意味合いが出てくる。それを「春はあけぼの。やうやう白くなり行、山ぎはすこしあかりて、むらさきだちたる雲のほそくたなびきたる」と結び付けてみると、「逢い引き」歌ではないかと思える（五味文彦元東大教授の見解参照）。

ドナルド・キーンは『枕草子』の約一六六〇の形容詞中「おかし」が四四五例、他方紫式部の作品に典型的に見られる「あわれ」と対比させ、以降の日本文学では「あわれ」は「おかし」の何倍も使われている、他方、日本文学では『枕草子』にみられるユーモアはきわめてまれであると指摘している。

番外編：外国人が鑑賞した「古今集」

【源氏物語翻訳者、アーサー・ウエリーの選】

〈声絶えず　鳴けや鶯　ひととせに　ふたたびとだに　来べき春かは〉（藤原興風）
〈秋来ぬと　目にはさやかに　見えねども　風の音にぞ　おどろかれぬる〉（藤原敏行）
〈名にしおはば　いざ言とはむ　都鳥　わが思ふ人は　ありやなしやと〉（在原業平）
〈わが恋は　み山隠れの　草なれや　繁《しげ》さまなれど　知る人のなき〉（小野美材）
〈風吹けば　峰にわかるる　白雲の　たえてつれなき　君が心か〉（壬生忠岑）
〈月やあらぬ　春や昔の　春ならぬ　わが身ひとつは　もとの身にして〉（在原業平）
〈色みえで　うつろふものは　世の中の　人の心の　花にぞありける〉（小野小町）
〈明日知らぬ　わが身と思へど　暮れぬ間の　今日は人こそ　悲しかりけれ〉（紀貫之）
〈つひに行く　道とはかねて　聞きしかど　きのふ今日とは　思はざりしを〉（在原業平）

〈あし鶴《たづ》の　立てる河辺《かはべ》を　吹く風に　寄せて返らぬ　波かとぞ見る〉（紀貫之）
〈あさぢはら　ぬしなきやどの　桜花　心やすくや　風に散るらん〉（恵慶法師　拾遺集）
出典：アーサー・ウエリー著『日本の詩歌』（雁書館、一九八九年。原著は一九一九年刊）

第五章　鎌倉時代——七〇〇年にわたる武家支配の始まり

鎌倉時代は、日本の歴史の流れを貴族社会から、武人の社会へと大きく切り替えた。

「大和魂」という言葉がある。『源氏物語』「少女」の與謝野晶子訳は次の様になっている。

「家の権力が失墜するとか、保護者に死に別れるとかしましした際に、人から軽蔑されましても、なんらみずから恃むところのないみじめな者になります。やはり学問が第一でございます。日本魂《やまとだましい》をいかに活かせて使うかは学問の根底があってできることと存じます」

ここに出てくる「日本魂」は、「大和魂」が文献にあらわれた最初の例だとみなされている。

平安時代における「日本魂」「大和魂」の意味は、遣唐使などを通じて大陸から流入した唐の文化に対する、和歌の心のようなものであった。武家社会、軍人を重視する明治時代に、「日本魂」「大和魂」の意味合いが一変してしまったのである。

貴族社会から武人の社会に切り替わっていった鎌倉時代は、後世に大きい影響を与えている。

その鎌倉時代はどの様な性格を持った社会であったのであろうか。

後で見るように、英国人歴史家は次のような辛口の評価を記している。

「およそ武家独裁者は実際的には天皇の空名以外殆どあらゆるものを天皇から奪い去ったが、自らを統治の王朝に代わるものとしては考えなかったようである。その主目的はできるだけ大量の土地とできるだけ多数の部下とを獲得することであったようである。経済的軍事的支配を確保することによって事実上政治的至高者になったに相違ないのではあるが、然し頼朝にしてもその後継者達にしても、一体国家的統一というような正確な観念を持っていたかどうかは非常に疑わしい」

武家支配はなぜ始まったのか

〈鎌倉の政治を研究することには非常に興味がある。何故なればその後の日本に七百年も続いた制度――その漸くなくなったのはまだ記憶に新なことであり、かき消すことのできぬしるしを現代人の上にも残している――の最初の発達を、この鎌倉政治に跡づけることができるからである〉

出典：ジョージ・B・サンソム著『日本文化史（中）』（創元社、1951年）

解説

ジョージ・サンソムは一八八三年生まれ。元英国外交官。米国コロンビア大学教授。下記は、『日本文化史（中）』からの引用である。

サンソムは鎌倉時代の幕開けについて、年号の皮肉さから説明している。「一一五九年新帝の即位に当たって、その後も絶望的な内乱の続いた時代の始まりに、朝廷の占卜家占星家はご愛嬌にも真実を無視して『平治』の年号を付けた。一一八五年に始まる年代に『文治』の名をつけたのもこれに劣らず似合わしくない。何故ならば、この年代から日本の最高権力は、既にそれを獲得していたままに、武家の保持する所となったからである。更にこの年代から、源氏の統領頼朝は、東部日本の鎌倉に居を占めて、そこに幕府を始めたからである。幕府とは、軍司令部というようなものである」

鎌倉幕府の特徴を「頼朝の念頭を支配したものは知行と荘園という思考形式であって、人民と政府というものではなかった。頼朝は朝廷からその力を得たのでもなく、又、朝廷から奪ったのでもない」「一口でいえば京都に君臨する天皇の位置に取って代るよりも、寧ろ諸侯の覇者として自己の立場を確立することが仕事であった」とした。

「日本の封建制は欧米と似ている」ライシャワーの説の真偽

〈十二世紀、日本はすでに東アジア的な規範から大きく抜け出していた。それをもたらしたのは、封建制度（注：土地の給与を通じて、主人と従者が御恩と奉公の関係によって結ばれる制度）の発達だった。日本の封建制は、その後七世紀にわたり、段階的な発達を遂げるわけであるが、その過程は欧米の封建制が九世紀から十五世紀にかけて経過した過程といちじるしい類似性をもっていた〉

出典：エドウィン・ライシャワー著『ザ・ジャパニーズ』（文藝春秋、一九七九年）

解説

ライシャワーは一九一〇年生まれ。ハーバード大学教授。同大学日本研究所所長。『ザ・ジャパニーズ』（文藝春秋、一九七九年）からの引用。

ライシャワーは鎌倉幕府が成立する基礎として、次のことを指摘している。

「世襲制度を強く求める日本人の感覚からすれば、皇統ほど声望の高いものはなかった。したがってこれらの集団の多くは、やがて中央の権威の代行者として地方に下り、そこで大を成した皇統の後裔――源氏や平家――によって支配されていった」

ライシャワーは鎌倉幕府の統治形態を「鎌倉に居をおく幕府は頼朝を中心とする家族的かつ単純な機構だった。その機構が全集団に指令を出し、法の執行にあたっては、朝廷での古い中国流の法典に拠らず、それぞれの地方の慣習的な掟をよりどころとした」としている。

しかし、次のことも指摘している。

「鎌倉幕府下の封建制度は、全国に薄く散らばった御家人たちの個人的な忠誠心を基礎においていたわけであるが、それだけに時の経過とともに萎えしぼんでいった」

またライシャワーは欧州との比較で「中国より欧州のものと類似し、武士は、勇敢さ、名誉、自己修養、等の徳目を重視した」「日本の封建制度における第一の美徳は、欧州と同様、忠誠心であった」としつつ、「欧州では、ローマ法の影響もあり、君臣の関係は相互の契約関係、すなわち法律尊重関係に支えられていた。一方、中国の制度の上にたつ日本では、法律よりもむしろ道徳が強調された」と指摘している。

頼朝VS義経に見る政治不信のルーツ

〈どの国の歴史でもそうであるように、日本史の英雄の大多数は戦士である。だが、言うまでもなく日本（の英雄像）が他国と大きく異なっている点は、彼らのうち敗者の側について戦った者〉

〈義経の戦士としてのまぶしく輝く成功は彼が偉大になるために欠かすことの出来ない条件になっている。その潰える前の殷盛《いんせい》の轟きのゆえに義経の挫折が増々強く哀しく心を打つからである。日本の英雄像の極致として、彼はこの敗北の悲劇性により幾世紀も名声を維持してきた〉

出典：アイヴァン・モリス著『高貴なる敗北──日本史の悲劇の英雄たち』（中央公論新社、一九八一年）

解説

一般に知られている源義経の生涯は、正確な資料に基づくものよりも、物語伝承による所が大きい。モリスは「重要なのは、義経の生涯についての事実よりも、数百年を経るうちに、日本人が次第に義経を美化し、没落の中から生れ出る完璧な英雄の典型に仕上げてきたということである」としている。

業績の観点からは、本来、源頼朝こそ英雄にふさわしいが、モリスは次のように記している。

「義経とは対照的に、日本の歴史上最も重要な指導者の一人であった源頼朝は成功者として生きた。彼は成功者として生きるために、義経伝説の薄暗い背景へと追いやられなければならなかった。その背景の中で頼朝の影は猜疑心の強い復讐の鬼としてうごめいている」

義経の時代についてモリスは、「義経が気付くには時間がかかったようだが、悲しいことに、平家打倒の完遂によって義経は頼朝の全面的政治構想の中での存在理由を失っていた。鎌倉殿の観点からすると、英雄の勇気、資質、武士としての才能は十分役立って、その役割を全うしたことになる。いまや、英雄は不要いや邪魔にさえなっていた。中国のことわざのとおり、『狡兎死して走狗烹らる』である。義経の果たすべき機能は主として平家一族の破滅であった。敵が滅び去れば、義経を抹殺することに頼朝は、ことさら特別な理由を必要としてなかった」と記している。

そして、頼朝を「軍隊の指揮者として合戦の場へ向かったことはなく、つねに『政』に専心していた」と記している。頼朝への評価は、「政」に専念する者への日本人の不信が現れているのであろう。

日本とは戦いたくないという大陸の本音

〈ねがわくは、今より以往、問を通じて、好を結び、以て相に親睦せん。かつ聖人は四海（天下）を以て家となす。相通好せざるは、あに一家の理ならんや。兵を用いる（戦争をする）に至りては、それたれが好むところぞ（至用兵夫孰所好）。（日本）国、それ之を図れ（王其圖之）〉

出典：網野善彦著『日本の歴史（10）蒙古襲来』（小学館、一九七四年）

解説

一二七四年の蒙古襲来に先立つ、一二六八年一一月、高麗使藩阜はクビライの国書をもって博多に到着し、日本側に提出した。京都では院にて評定会議を開き返諜の方針を起草したが、幕府は「返諜遣わさるべからずの旨」を京都に伝えた。

【一：『高麗国王の元宗の国書』口語訳】「天がいつくしみ思う大モンゴル皇帝が、文書を日本国王に差し上げる。昔から小国の王は、境界が接していれば関係を作り、和睦を図ることに努める。いわんや私の先祖は、天の尊い命令を受け、天下を制圧した。遠方の外国も威を畏れ、彼を慕う者は、すべて数えることができないほど沢山いる。私が即位した当初、高麗の罪なき民が長く戦火で疲弊していたので、戦争を止め、その領土を返し、家族を返した。高麗の国王や家臣は、有難く押し戴いてモンゴルに来朝した。（モンゴル国皇帝と高麗国王は）たてまえは君臣の関係であるけれども、親しいことは親子のようである」

【二：高麗国王の書簡】「貴国（日本のこと）は中国と代々好を通じている。いわんや今、皇帝が貴国と好を通じようとしているのは、決して日本から朝貢を期待しているのではなく、皇帝が『海外の名』を天下に高めたいと考えているからである。もし貴国の返事を得たならば、必ず（皇帝は貴国を）厚くもてなすであろう。それが本当であるか否かは、好を通じて後、まさに知ることが出来る。使節を派遣し、それを判断するのはいかがでしょうか」

フビライの使者が見た「獰猛な日本人」

〈臣日本に居ること歳余なり。有余、その俗をみるに、狼勇にして殺をこのみ、父子の親（孝行）、上下の礼あるを知らず。その地、山水多く、耕桑の利なし、その人（日本人）を得るも役すべからず、その地を得るも富を加えず。いわんや舟師（軍船）の海を渡るは、海風に期なく、禍害も測ることもなし。これ有用の民力を以って、無窮の巨壑（底の知れない深い谷）をうずむるがごとし。臣おもうに（日本を）撃つことなきが便なり〉

出典：網野善彦著『日本の歴史（10）蒙古襲来』（小学館、一九七四年）

解説

一二七一年、元の皇帝フビライは最後の使者を日本に送った。使者は女真人の趙良弼である。趙は一〇〇人の使節団を擁して、大宰府にたどりつくと、「度々謀状を持ってきたが返謀がない。この上は文永八年（一二七一年）十一月をもって期限とする。それでもなお返事がなければ、兵船を仕立てる（戦争に入るであろう）」という内容の国書を直接「国王」に伝える事を要求したがかなわなかった。その際、趙良弼がフビライにあげた報告がここで挙げたものである。

モンゴル側に日本攻撃は意味なしと説く人々は他にもいた。高麗の重臣、李蔵用がフビライによって日本行きを命じられた元の黒的に当てた書簡は次の様に記している。
「今、聖上上に在り（聖上はフビライを指す）。日月照らす所、盡く、臣妾（召使の男や女。転じて従属化におくこと）と為る。蠢爾（礼儀なき様）たる小夷、敢て服せざるあらんや。然れども蜂、蠆の毒、豈に慮りなかるべけんや。国書之降、亦甚だ未だ宣しからず」（日本は「蜂」や「蠆」のような小国である。それゆえに大国の元帝国そして皇帝フビライは、これを叩きつぶすことは、可能でありましょう。しかし「蜂」や「蠆」に刺されてはつまらぬ）
隋、唐時代日本は遣隋使、遣唐使を送ったが、形式的には朝貢の形をとっている。日本に使者として送られてきた趙良弼は日本との戦いを望んではいない。仮に日本側が趙良弼を受け入れ、彼とフビライに当てる書状のあり様を協議すれば、フビライの派兵をくい止める案文が作成された可能性は高い。元寇を考える際、その視点が欠落している。

元からの亡命者が戦争を煽った

〈その（弘安の役）一月前再来の元寇を予知した祖元は、時宗に「莫煩悩」（煩い悩む莫かれ）と書いて与え、まもなく、博多は騒がしくなるが、不日にして鎮まるだろうから、心を悩ます必要はないと諭した。あるいは「驀直」に向前して、更に回顧することなかれ」と時宗を激励したという。

（注：無学祖元は禅宗を伝播する熱意を持ち来日した禅僧であるが、それと同時に心の深層では、元を恨み、潜在的な亡命意識を持っている人物とみていい）〉

出典：夏慶元「南宋来日禅僧無学元祖を論ず」（『禅文化研究所紀要』禅文化研究所、二〇〇六年）

解説

モンゴル帝国は、文永の役（一二七四年）、弘安の役（一二八一年）の二度にわたり日本への侵攻を企てた。その際の日本側の抵抗の度合、モンゴル軍の侵略度合い、そして撤退を余儀なくされた天候の問題につき、今日でも研究が行われている。

ライシャワーは「鎌倉の武家政権は…（中略）…モンゴルの使者の首をはねて日本側の立場を明白にした。このようなあからさまな侮辱をモンゴルに与えて日本が報復を受けずに済むわけはない」と記載している（『ライシャワーの日本史』）。

この時期、中国においては一二七九年南宋が元に滅ぼされた。その南宋より、相当の数の僧が日本に来ており、鎌倉幕府に情勢の報告と対応策を進言している。無学祖元は一二七九年、北条時宗の招きに応じて来日し、鎌倉で蘭渓道隆が遷化した後の建長寺の住持となる。無学祖元は元（蒙古）軍が南宋に侵入したとき、寺に避難し元軍に包囲されるが、「臨刃偈」を詠み、元軍が撤退したと言われている（禅文化研究所紀要第二十八号、禅文化研究所、二〇〇六年掲載論文参照）。

無学祖元は日本の招聘に応じて来日したのではあるが、自ら日本に行きたくて、禅宗を伝播する熱意をもっていた。だが、南宋が滅ぼされた後、中国に留まることが生命の危険をもたらす環境にあったことも間違いなく、強く「元を恨む」気持ちを持っていたとみられる。当然、元と戦いたいという気持ちはあったであろう。この様な人物が「『驀直』前へ向かい、回顧するなかれ」と進言し幕府がそれを受け入れたのであるが、それは果たして国益に合致していただろうか。亡命者が、自分に亡命を強いた国、政権に強硬な態度を取るべきと進言するケースはしばしば生ずる。

日本のイメージを侵略者に変えた「倭寇」

〈鎌倉末期から室町時代にかけて、朝鮮半島や中国大陸の沿岸をしばしば武力で荒らした日本の海賊的集団は、被害者の立場から「倭寇」と呼ばれていた〉

・唐宋以来の「至弱」「知礼」の日本観は、元では「兇悪」「好戦」にかわり、明では「狡詐」「残忍」に変質しつつあった

出典：王勇著「近代以前の日本人の日本観」（『中国人の日本観』社会評論社、二〇一六年）

解説

王勇（一九五六年生まれ）は浙江工商大学日本文化研究所所長。前掲書からの引用。『高麗史』忠定王二年（一三五〇）の記事に、「倭寇の侵す、これに始まる」とあるのを倭寇観形成の指標とする意見もあるが、この言葉自体が成語として成立したのは、早くも『高麗史』忠烈王四年（一二七八年）に記録されたフビライと忠烈王との問答にさかのぼる。

『明州繫年録』に収められる『道園集』によると、一三〇九年正月に、日本の武装商人が明州城内に乱入し硫酸等の薬を持ち、場内に火をつけて燃やす。官府、故家、民居はほとんど焼き払われたという。

この「寧波焚焼事件」が元に大きなショックを与えた事は、『元史』に浙江省の海防強化要請に対する元朝の対応ぶりをみても分かる。すなわち軍隊の配置はやすやすと変える物ではないが、倭商の暴行

に備えて江南一帯の海防要衝に駐屯軍の調整を至急行った。

呉莱は『論倭』において、「険を恃みて兵を奔す」る無礼な倭奴を「誅首すべし」と激論した。漢魏時代より中国が通交し倭人は弱くて制しやすく、わずかに用兵の術を知るにすぎず、東軍と戦った白村江の役では惨敗したが、今の倭寇はそれと異なり、「艨艟数千」、「戈矛剣戟」を装備した強敵であると述べている。

明の太祖は建国当初、日本との通交に積極的姿勢を構えていたが、倭寇の跳梁と対日交渉の失敗で、態度を一変し、日本を不征国にいれ、海禁を宣言した「皇明祖訓」を頒布した。御製の『倭扇行』に「国王道なくして民は賊を為す、生霊を擾害して神鬼怨む」と当人の日本観を表している。

なぜ仏教が民衆に広まったのか

〈鎌倉時代の佛教の最も顕著な特色は民衆宗教としての発達であるといえよう。…(中略)…美的崇拝として仏教を大きくはぐんだ貴族社会の衰頽、寺禄に恵まれた僧侶の誇りと没落、…(中略)…更に一般的には死と悲惨事とが頻々と起こつて、人の心を慰めるような教理が喜び迎えられた。この時代の無秩序、そういう所にその理由を求めることができる〉

出典:ジョージ・B・サンソム著『日本文化史(中)』(創元社、一九五一年)

解説

平安時代、仏教は貴族社会を中心に発達したが、鎌倉時代に入り、社会における武士や農民の比重が高まるにつれ、これらの層の需要に答える形で、禅や、浄土信仰が勢いを得た。

ジョージ・サンソムは一八八三年生まれ。前掲書からの引用。

「『たゞ往生極楽のためには、南無阿弥陀仏と申して、うたがひなく、往生するぞとおもひて申すほかには別の仔細さふらはず』。…（中略）…念仏はどこでもいつでも誰れでも唱えることができるから、阿弥陀仏がこれを救いの道として選んだのであると法然は考えた。かような教理は民衆的であると同様に非正統的である。だから浄土の新宗派を立てねばならぬと決心した」

「僧侶にも儀式や建物にも頼らない自由教会の発達は、古宗教派の敵意を挑発する。…（中略）…（数々の弾圧の例を示し）これは日本における激烈な宗教的憎悪と迫害の最初の例」

「（親鸞は）救いを得るためには真面目に唯一阿弥陀の名を唱えればよい、それ以上の念仏はただ仏を讃嘆するだけのことで、望ましくはあるが必要ではないと主張した」

「一般に流行した主な理由が、下層階級の改宗者を歓迎した点にあることも明瞭である。親鸞自身その著書の中で、『田野から出て来た最も無知な農夫と同じようにありたい』と願うといつている」

「日蓮は宗教的革命者であると同時に政治的革命家であった。その大論集『立正安国論』の書名に見られる通りの熱烈な独立国家意識こそ日蓮精神の根柢を為すものであった」

禅は「精緻を極めた哲学」ではない

〈活気に溢れた鎌倉の新社会が、瞑想的との定評のある宗派の保護者だったとは、一見奇異〉

〈禪：「教外に別伝あり、文字を立てず、人心を直視し、見性成仏す。」これを見ても禪には、…（中略）…自主独立の気概に富んだ武人の、心をひく多くのもの〉

〈禅は経文に頼らない。禅は精緻を極めた哲学を持たない。…（中略）…他人の言葉を研究することによってではなく、深い内観による一種の幻覚としてあらはれる〉

出典：ラングドン・ウォーナァ著『不滅の日本芸術』（朝日新聞社、一九五四年）

解説

ラングドン・ウォーナァは一八八一年生まれ。米国の東洋美術研究家。一時ボストン美術館で岡倉天心の助手を務めた。鎌倉時代に発達した禅は、新興勢力の武士を背景に、経典の習得ではなく、自らが得心することを最重視した。以下は前掲書からの引用。

「十二紀末から十四世紀末に至る、日本の芸術は、政治的な、また知的な面で起こった諸々の変化を、とりわけよく現しているので、人の心を打つ」

「新様式の絵画や仏像は、人間的であり、男性的であり、直下に訴える力を持っていて、抽象的な思索へと人を誘うよりは、絵画や彫刻の技術そのものを、歎賞させる傾きがあった。民衆の大多数にはどうしても理解されなかった仏教の抽象的玄理は、言説の道断えた世界を理解させる方便としての、一切の造型を放下する思索的な禅宗によって喜ばれた」

「禪は真理悟得の重要さを力説するのだから、ほとんど反哲学的だとさえ言える。身を持することの最も厳格な封建社会の武士にとって、浄土諸宗の主情主義は食いつきにくかったに相違なく、そうかと言ってまた、彼等は、微に入り細を穿つ知的な教義にも、我慢できなかったであろう。彼等の多くは、知的教義の難しい述語を理解するだけの学識もなかった。しかし、禪の修行者が目的とする頓悟一番、いわゆる『さとり』は他者と関係のない直接な自己体験である。禅の教師は、経文を読まず、儀式を行わず、弟子を教導するには、長い説教によらないで、寸鉄の示唆や指摘を以てする。弟子は自己を吟味し、自己を自在にし、自らの努力によって、霊的な宇宙における自己の場所を見出さねばならぬ」

「はかなさの美」の誕生

〈兼好は審美的原理の中でも、最も日本的な特色を表現した。すなわち、美は、そのはかなさと、切断し難いまでに結びついている〉

〈ラフカディオ・ハーンはかつて朽壊性を理解することが「日本文明の真髄である」と述べた〉

出典：ドナルド・キーン著「徒然草と美の伝統」（武田勝彦編著『古典と現代―西洋人の見た日本文学』清水弘文堂書房、一九七〇年）

解説

ドナルド・キーンは一九二二年生まれ。コロンビア大学教授。前掲書を引用。

ドナルド・キーンは『徒然草』の特色の一つとは「はかなさ」を描いたことだとして、「あだし野の露消ゆる時なく、鳥部山の煙立ち去らでのみ住み果つる習ひならば、いかにもののあはれもなからん」を引用している。そして日本人と「はかなさ」を次のように論じている。

「日本人がはかなさを解することは、たしかに日本人が桜を愛することや、石の代わりに燃えやすい木や紙で家を建てることを好むことの背後に存在するものによって暗示されるのである。桜の花の散ることはいつも惜しまれるが、その短命さそのものが桜の花に美を与えるのである。

奇妙な逆説になるが、千年も前の木造の寺と仏像とが日本には生き残っていて、その素材にもかかわらず、表面上は永遠性を保ち得た様に思われるが、大理石を用い不死なるものを意識的に作ろうとする試み、或いは時の暴威を妨げようとする試みは決してなされなかった。日本に残存しているものはいずれも長い歳月を経てきたものである。その色あせた特性、すなわち、長い間生き残ってきたにもかかわらず、はかなさを思わせるものが、特に尊ばれている」

そして「兼好がはかなさを喜ぶことは、不規則なものと不完全なものを好むことに結びついている。兼好は『すべて何も皆、ことのと丶のほりたるはあしき事なり。しのこしたるを、さて打（ち）置（き）たるは、面白（く）、生き延《の》ぶるわざなり』『内裏造らるるにも、必《かなら》ず、作り果《は》てぬ所を残《のこ》す事なり』と述べている」

日本三大随筆「方丈記」の説く無常観

〈『方丈記』が先行文学と同じように四季の景観に対する視覚的、聴覚的な反応によって、観念の心が起こされることは、印象的である〉

〈（『方丈記』は）和語の「藤波」と漢語の「西方」とを結びつけているように、自然の景観を賛美すると共に自然の景観に仏教的な意味合いを持たせる、という特徴が見られる〉

出典：張利利著『方丈記における日中文学の比較的研究』（翰林書房、二〇〇九年）

鴨長明著『方丈記』は吉田兼好著『徒然草』、清少納言著『枕草子』とともに、日本三大随筆の一つと評価されている。「ゆく河の流れは絶えずして、しかももとの水にあらず。よどみに浮かぶうたかたは、かつ消えかつ結びて、久しくとどまりたるためしなし」の書き出しで、無常観の文学とみなされている。

張利利は一九七八年北京外国語大学卒業。日本の大学で講師をつとめる。

張利利は『方丈記』が四季の景観に対する視覚的、聴覚的な反応によって、観念の心が起こされる点を取り上げ、具体的には「春は藤波を見る。紫雲のごとくして西方ににほふ」「夏は郭公を聞く。語らふごとに死出の山路を契る」「積もり消ゆるさま、罪障にたとへつべし」（ママ）という文を指摘している。彼女は「四季の景観の描写は『池亭記』（平安時代中期に慶滋保胤が著した随筆。漢文で書かれた代表的な著書）の叙述からヒントを得て、それを仏教修行者の観想を修飾するものとして用いている」と日本での研究状況を紹介している。

張利利は「長明が世間を離れて、山林に入って隠遁生活をするのは、無常の克服を求めるより、外界との接触を断つことによって、心の平安を得たい、ということであった」としている。

そして、鴨長明の生き方の一つの特色は自然との結びつきにあるとして、「四季自然の景観がかれの隠遁生活の中の大事な一部になり、生活の楽しみとなっているのである。即ち、長明は、浄土信仰を持ち込んでいるものの、心の安静と閑居の楽しみを倍増させる為に自然の景観および動植物との触れ合いと対話をしている」と記している。

番外編：和歌で見る鎌倉時代

【ドナルド・キーンが選んだ和歌】

春の夜の　夢の浮橋　とだえして　峯にわかるる　横雲の空　（藤原定家）
見わたせば　花ももみぢもなかりけり　浦のとま屋の　秋の夕暮　（藤原定家）
としふれど　心の春はよそながら　ながめなれぬる　あけぼののそら　（藤原定家）
霜まよふ　空にしをれしかりがねの　帰るつばさに　春雨ぞ降る　（藤原定家）
空になる　春のかすみにて世にあらじとも思ひ　立つかな　（西行）
山深き　眞木の葉分くる月影は　はげしきものの　すごきなりけり　（西行）
津の国の　難波の春は夢なれや　蘆の枯れ葉に　風わたるなり　（西行）
心なき　身にもあはれはしられけり　しぎ立つ沢の　秋の夕暮　（西行）
桐の葉も　踏み分けがたくなりにけり　かならず人を　待つとなけれど　（式子内親王）
薄霧の　まがきの花の朝じめり　秋は夕べと　たれかいひけむ　（藤原清輔）
うぐいすの　鳴けどもいまだ降る雪に　杉の葉しろき　逢坂の山　（後鳥羽院）

出典：ドナルド・キーン著『日本文学史（古代・中世篇４）』（中央公論新社、二〇一三年）

解説

ドナルド・キーンは、一九二二年生まれ。日本文学と日本文化研究の第一人者。コロンビア大学を退職後、日本国籍を取得し、二〇一一年九月一日には、永住のため来日。『日本文学史（古代・中世篇4）』から鎌倉時代に生存した歌人の歌を抜粋。

第六章　戦国時代――鎌倉幕府崩壊から織田・豊臣

鎌倉時代から室町時代への移り変わりをライシャワー著『ライシャワーの日本史』で見てみたい。

まず、ライシャワーは鎌倉幕府の特色を「武士団の直接的な忠誠心の上に成り立っていた」が、時代と共に忠誠心が薄れ、「北条氏の支配する幕府に対する武士階級の忠誠心が次第に風化していき、一三三三年にひとたび揺さぶり（後醍醐天皇の親政の動きとこれを支持する足利尊氏の動き）をかけられると、全制度がまたたくまに崩壊してしまった」とする。後醍醐天皇の親政については「結局は徒労に終わる」としている。

「十四世紀から十五世紀にかけて足利幕府は曲がりなりにも中央政府の役割を果たし、義満の時代に最盛期を迎える」「一四四一年、時の将軍が暗殺されたのをきっかけに、将軍の権威も著しく地に落ち、一四六七年から一四七七年の間に日本中を巻き込んだ応仁の乱の頃にはすっかり統制力を失っていた」「一世紀あまりの足利時代のほとんどの期間、足利幕府は、中央政府として有効に機能するどころではなかった」としている。

だが、「経済、文化活動全体が衰退に向かいそうだが、実際といえば全く違っていた。鎌倉、足利時代を通じ、技術、経済全体が著しく向上したのである」として、その要因に、「これはふたたび活性化した大陸との接触に刺激されたためであることは間違いない」との見解を示している。後者の見解は通常の日本史では語られることがないだけに、興味が湧く点である。

戦国時代は歴史上かつてない「邪悪な時代」

〈中世日本の伝統的な武士道がどんなに高貴な場面を見せたとしても、それはこの時代の事ではありません〉

〈二心と、裏切りと、邪悪な残酷の、全く下劣な光景です。この時代のそれに似たひどい状態が、こんなに永く続いたためしは、それまでの日本の歴史に無かったし、その後も、この時代同様となったことは二度とありませんでした〉

出典：ラングドン・ウォーナァ著『不滅の日本芸術』（朝日新聞社、一九五四年）

解説

米国の東洋美術研究家、ラングドン・ウォーナァの前掲書からの引用

「鎌倉幕府が倒れてから、足利三代将軍義満が全国を支配する五十年以上、国内には、激しい争いが続きました…（中略）…実情を言えば、日本全土のそこここで、鎬を削る同族の間に、二十回以上もの闘争が消長を繰り返し、地方の豪族達は、それぞれ宮方なり武家方なりの、皇位継承要求者を時の風向き次第で擁立し、そうした束の間の、うつろいやすい忠誠を利用しては、彼等の私闘に、大儀名分を与え、彼等の敵に逆徒の汚名をきせました。」

「芸術作品の主な貯蔵所である寺々は、どこでも、戦火にあいました。国内は、あげて貧乏になり、わ

ずかに残っていた昔気質の忠誠すら、売物同様、南北いずれかの皇族のうち、与えられる恩賞の大きい方へと、変節を重ねて、恥じなかったのです…（中略）…それにも拘わらず、足利時代と言う名を聞くだけで、好ましい絵画や、非凡な鑑賞力を湛えた風雅の道や、学術機関の管理者であった禅僧達の簡朴な叡智等が、思い浮かぶのは、一体どうしたわけなのでしょうか」

「今はもう、目にあやな色どりのあの美しい装飾経もなければ、遍歴や猛火や合戦の絵巻も一切ありません。代わって、南宋から、哲学的で詩的な水墨画のルネサンスが日本を訪れましたが、これは、支那人自身、どんなに努力をしても、決してもとの姿にかえし得なかったものなのです…（中略）…兆殿司、能阿彌及び相阿彌、周文、雪舟、及び啓書記などの画家は、そそり立つ天才の系譜を、少しもとぎらさず、一段太くくっきりと伝えているのです」

「倭寇対策」が取り持つ日朝関係

〈日本の中世、すなわち鎌倉・室町時代における朝・日関係は、ひとことで言って前代からの停滞と一時的波瀾を経て、新たな高揚の軌跡をしるした時期とみなすことができる〉
〈足利尊氏による室町幕府の発足は、新たな朝・日関係の模索を課題としていたが、その重要な契機となったのは懸案の倭寇問題であり、彼等の跳梁禁圧をめざす高麗《コリヨ》政府の日本への積極的な働きかけであった〉

出典：朴春日著『朝鮮通信使史話』（雄山閣、二〇〇三年）

解説

朴春日は一九三三年生まれ。日本の大学を卒業したアジア文化交流史研究家である。前掲書から引用する。

朴春日は高麗使節・金龍・金逸如一行の来日（一三六七年）は、「日・元間の戦争状態が終わってから、久しく絶えていた外国使節の渡来である」としている。

朴春日は室町時代の朝・日通好を考える上で『太平記』、特に巻三九に「高麗人来朝の事」と題する一節が貴重な資料だという。『太平記』には「この賊徒数千艘の舟をそろえて、元朝《げんてう》・高麗《かうらい》の津々浦々に押し寄せて、明州・福州の財宝を奪ひ取る。官舎・寺院を焼き払ひけるあひだ、元朝・三韓《さんかん》の吏民これを防き（ママ）かねて、浦近き国々数十箇国、皆住む人も無く荒れにけり」と倭寇の悪行を率直に指摘している点に注目している。

併せて、朴春日は『太平記』においては、「賊船の異国を犯し奪ふことは、皆四国・九州の海賊どもがするところなれば、帝都より厳刑を加ふるに拠所《よんどころ》なしとて、返牒《へんてふ》をば送らず。ただ来献の報酬とて…（中略）…、国々の奉送使を添えて、高麗へぞ送り着けらる」として、当時、日本側中央政府が、倭寇を取り抑える能力がなかった点にも着目している。

このような状況で高麗使節は倭寇対策で足利政権から前向きな対応を得られなかったが、朴春日は「中世はじめての日本と朝鮮の修好の契機が生まれた」と前向きな評価をしている。

ちなみに宋希璟の『老松堂日本行録』は朝鮮使節の手による「最古の日本紀行」であると朴春日は書いているが『老松堂日本行録』は旅行日誌のごときで、日本観察はほとんど記されていない。

人口・文化で日本が世界の頂点に

〈（戦国時代の日本は）戦国の世と呼ばれようが、ほかに何と名づけられようと、ともかく躍動感にあふれていた。まず十六世紀の日本の人口二千五百万は、その当時のヨーロッパのどの国よりも多い。フランスの人口は一千六百万、スペインの人口は七百万、イギリスの人口は四五十万で（ある）〉〈日本は農業も発達していた。建築もしかり〉

出典：ノエル・ペリン著『鉄砲を捨てた日本人』（中央公論新社、一九九一）

解説

ノエル・ペリンは一九二七年生まれ。ダートマス大学教師。元々は英文学専攻。ペリンは前掲書で「日本で大量に鉄砲が生産された」背景について調べ、この時代、「日本でもっとも製造されていたものは武器であった」として「攻撃用、防御用を問わず、あらゆる武器があり、この国は世界で最大の武器供給国だと思う」というイタリア人商人カルレッチの言葉を引用した。更に日本は欧州と比して文化的に秀でていたことを指摘している。ペリンが指摘する日本の優れた文化を整理してみよう。

①建築　イエズス会士フロイスが信長の岐阜城について言及している（ポルトガル、インドの宮殿、家屋敷のなかで、岐阜城に比肩しうる斬新さ、優美さ、豪華さ、清楚さをもつ建築を見たことがない）。
②教育　仏教僧は「大学」を五つ持っていた。もっとも小規模の大学でも当時のオックスフォード大学やケンブリッジ大学を凌いでいた（一五四七年の時点で足利の学校には三千人の学生がいた）。
③文学　武士階級は戦場を駆け巡る合間に典籍に親しむのが当たり前のこととされていた。豊臣秀吉は聚楽第で和歌御会を催している（二条為明が、謀反への関与を疑われた際「思いきや我敷島の道ならで浮世の事を問わるべしとは」と読み、釈放された事例を紹介）。

「一六世紀後期に日本に滞在していた別の宣教師オルガンティノ・グネッチは、宗教を措《お》けば日本の文化的水準は全体として故国イタリア文化より高いと思ったほどである。当時のイタリアは、もちろんルネッサンスの絶頂期にあった。前フィリピン総督のスペイン人ドン・ロドリゴ・ビベロが一六一〇年上総に漂着（注：漂着は一六〇九年、一〇年に出国）した時もピベロの日本についての印象はグネッチと同様の結論だった」

なぜ安土桃山時代には活力があったか

〈私は信長や秀吉の時代の日本にエリザベス時代を際立たせる物と同じ素質を見出す〉〈安土・桃山時代にあたる戦国時代の末であります。…（中略）…イギリスのエリザベス時代の主要な特徴といわれているかの「闊達（GUSTO）」の風がありました。…（中略）…繊細なところ、洗練されたところはごく少いが、しかし大きな生活意欲があって、しかもその生活は用心深く吝嗇な物でなく、流行に惜しげもなく消費する生活であります〉

出典：ジョージ・B・サンソム著『世界史における日本』（岩波書店、一九五一年）

解説

サンソムは一九〇四年に駐日英国大使館に配属。コロンビア大学東アジア研究所の初代の所長。前掲書よりの抜粋。

サンソムが指摘する秀吉時代は、田中角栄の時代を彷彿とさせるようにも思われる。

「（エリザベス時代は）乱暴な時代、惨酷な時代であり、多くの点で粗悪通俗な時代であったが、そこには希望と勇気とをもって、ゆるがない確信と純粋な情熱とをもって世界に立ち向かう血気盛んな若さというようなあらゆる好ましい素質が、一世代ぐらいのあいだはあったのであります」

「私は信長や秀吉の時代にエリザベス時代をきわ立たせるものと同じ素質を見出すものであります。……（中略）…日本は封建主義体制の終末と社会改造への懸命な努力をむかえます。いまや新しい人々が権力を握り、新しい地平線が日本にとって開いて参ります。…（中略）…世間には冒険心が起り、前の時代ならば世に出なかったであろう人々の心に大胆な意図が生れて参ります。その時代の続くあいだ日本の海賊らは極東の全域にわたって貿易や戦闘に従事しております。万事が大規模であります――ただ戦闘ばかりでなく、建築や装飾もまた、広壮な規模をもっております。諸階級の一大混淆が行われ、秀吉の大茶会のような壮大な遊楽が催されます。信長や秀吉の明国征服のような野心的な計画がたてられています」

「日本はその国民生活の急速な膨張と多様化の、また東アジア否それ以上にわたる広範囲な活動の段階に突入しようとしていたという印象を受けるのであります…（中略）…エリザベス時代と安土桃山時代とが似ていることで残念なのは、いずれも、その若々しい輝きを間もなく失ってしまったことです」

日本が鉄砲を捨てた理由

・一五四三年種子島の領主時堯はポルトガル人の鉄砲二挺を購入した。一五四九年に織田信長が五百挺の種子島銃を注文した

〈アラビア人、インド人、中国人はいずれも鉄砲の使用では日本人よりずっと先んじたのであるが、ひとり日本人だけが鉄砲の大量生産に成功した〉

〈(豊臣)秀吉の刀狩令のようなものはヨーロッパにはなかった〉

出典:ノエル・ペリン著『鉄砲を捨てた日本人』(中央公論新社、一九九一年)

解説

ノエル・ペリンは一九二七年生まれ。ダートマス大学教授。前掲書からの引用ペリンは日本が鉄砲の利用に格別の成功を収めた理由として、次の点を挙げている。

①何よりも日本は武家社会であった。

②日本の技術水準は当時すでに高かった。日本の銅は当時のヨーロッパの銅よりも良質で価格は安かった。鉄の価格もイギリス鉄より安かった。

③日本は当時もすぐれた工業国であった。イエズス会の一宣教師は当時日本の紙の種類がヨーロッ

パの十倍はあったろうと推定している。しかし、当時日本でもっとも大量に生産されていた物が何かというとそれは武器だった。一四八三年には例外であるにせよ、中国向けだけで、六万七千に及ぶ日本刀が輸出されたと指摘した。

こうして、日本においては大量の鉄砲が出回ったが、豊臣秀吉は鉄砲規制の最初の措置をとり、領主が農民に銃撃されるのを防ぐばかりか、すべての武具類を民衆の手から取り上げることを狙った。ペリンは「なぜ日本は火器から背を背けたか」を問い、次のように答える。

①日本には火器の統制がきかなくなってきたと感じる多数の武士がいた。武士人口は一五九七年の冬には約二〇〇〇万人、総人口の約八％である。
②日本の島はその自然条件ゆえ侵略が困難である。日本の国家的統合の維持は通常兵器でも可能だった。
③日本では刀剣がヨーロッパよりもはるかに大きな象徴的価値を持っていた。
④外国人の思想わけてもキリスト教と、商業に対する西洋人の態度は受け入れがたいとする反動的な潮流が存在していた。
⑤美的感覚の問題で刀という武器はそれを使う者の身体の優美な動きと結びついているとしている。

ザビエルは日本人をどう見ていたか

〈この国の人びとは今までに発見された国民のなかで最高であり、日本人より優れている人びとは、異教徒のあいだでは見つけられないでしょう。彼らは親しみやすく、一般に善良で、悪意がありません。驚く程名誉心の強い人びとで、他の何よりも名誉を重んじます。大部分に人びとは貧しいのですが、武士も、そうでない人びとも、貧しいことを不名誉とは思っていません〉

出典：フランシスコ・ザビエル著『聖フランシスコ・ザビエル全書簡』（平凡社、一九八五年）

解説

ザビエルは一五四九年八月一五日に鹿児島へ到着する。彼の考えは『聖フランシスコ・ザビエル全書簡』（平凡社、一九八五年）にまとめられている。以下はその引用である。

「（日本の）人びとは非常に知識を求め、神の事についても、その他自然現象についても、新しい知識を得ることを切に望んでいるそうです。私は内心の深い喜びをもって、日本へ行く事を決心しました。」

「（日本人は）侮辱されたり、軽蔑の言葉を受けて黙って我慢している人びとではありません。」

「武士たちがいかに貧しくても、（そして）武士以外の人びとがいかに裕福であっても、たいへん貧しい武士は金持ちと同じように尊敬されていますし、たいへん貧しい武士はどんなに大きな富を与えられても、武士以外の階級のものとは結婚しません」

「この国の人たちの食事は少量ですが、飲酒の節度はいくぶん穏やかです」

「世俗の人たちのあいだでは、罪を犯す者は少なく、…（中略）…僧侶たちよりも、道理にかなっています」

「この国では土地が肥えていないので、身体のためにぜいたくなものを食べようとしても、豊かな暮らしは出来ません」

「（日本人の）質問に答えるために、学識ある（神父）が必要です。とくに哲学がよくでき、弁証法に優れた人で、（僧侶との討論で）明らかになる矛盾をすぐにとらえることができる人が必要です」

「（日本に行く神父は）考えも及ばないほど大きな迫害を受けなければなりません」

「（神父は）酷寒に耐えねばなりません。…（中略）…すべての（厳しい生活の）うちで最大の試練は死の危険に絶えずさらされえいるということです」

「日本人は傲慢」と語った宣教師

〈私は日本人ほど傲慢、貪欲、不安定で偽善的な国民を見たことがない〉

出典：ヴァリニャーノ著『日本巡察記』（平凡社、一九七三年）

フランシスコ・カブラルは一五二九年生まれ。一五七〇年天草に到着。ただちに日本布教区責任者となる。一五八三年に日本を離れる。同じく宣教師のヴァリニャーノが前掲書に記述したカブラルの言動を引用する。

カブラルの日本観は好意的なものではない。ヴァリニャーノは第一次日本巡察を回顧した中で、カブラルを「彼ら（日本人）を黒人で低級な国民と呼び侮蔑的な表現を用いた。彼は日本の風習を常に親しめぬものとし、これを悪しざまに言った。彼は日本布教長として一三カ年を過ごしたが、ほとんど学ぼうとしなかった」と記している。

「彼らが共同の、そして従順な生活ができるとすれば、それは他に何らの生活手段がない場合に於いてのみである。生計が立つようになると、まるで主人のように振舞うに至る」

「日本人のもとでは、誰にも胸中を打ち明けず読みとられないようにすることは、名誉なこと、賢明なことと見做されている。彼らは子供の時からそのように奨励され、打ち明けず、偽善的であるように、教育されるのである」

「日本人修道士は、語学を終えて欧州人と同じ知識を持つ様になると何をするであろうか」

「日本では、仏僧でさえも二〇年もその弟子に秘義を明かさないではないか」

「彼らは一度び（教義を深く）知るならば、上長や教師を眼中におくことなく独立する」

「日本人は悪徳に耽っており、かつまたそのように育てられているので、それから守るためには、主なる神の御恩寵に頼り奉る外はない」

「日本で修道会に入って来る者は、通常世間では生計が立たぬ者である」

「日本人は有能」と語った宣教師

〈(日本人は)極めて礼儀正しい〉
〈国民は有能で、秀でた理解力を有す〉
〈(日本の)不毛と貧困さは東洋全域で最もはなはだしい。…(中略)…牧畜も行われず、土地を利用する何等の産業もなく、彼らの生活を保つ僅かの米があるのみである〉

出典：ヴァリニャーノ著『日本巡察記』(桃源社、一九六五年)

解説

ヴァリニャーノは一五三九年生まれ。イタリアの名門貴族の出で、一五七九年から八二年、九〇年から九二年、九七年から一六〇三年の三度「巡察師」の職命を帯びて来日したイエズス会の司祭。次は『日本巡察記』(桃源社、一九六五年)からの引用。

「極めて礼儀正しい。一般庶民や労働者でもその社会では驚嘆すべき礼節を比て上品に育てられ、あたかも宮廷の使用人のように見受けられる。この点に於いては、東洋の他の諸民族のみならず、我等のヨーロッパ人より優れている」

「国民は有能で、秀でた理解力を有し、子供達は我等の学問や規律をすべてよく学びとり、ヨーロッパの子供達よりも、はるかに容易に、かつ短期間に我等の言葉で読み書きすることを覚える。また下層の人々の間にも、我等ヨーロッパ人の間に見受けられる粗暴や無能力ということがなく、一般に皆、優れた理解力を有し、上品に育てられ、仕事に熟練している」

「日本人の家屋は、板や藁で覆われた木造で、はなはだ清潔でゆとりがあり、技術は精巧である。屋内には何処もコルクのような畳が敷かれているので、極めて清潔であり、調和が保たれている。

日本人は全世界で最も面目と名誉を重んずる国民であると思われる。すなわち、彼等は侮蔑的な言辞は言うまでもなく、怒りを含んだ言葉を堪えることができない」

「日本人は極めて忍耐強く、飢饉や寒気、また人間としての凡ゆる苦しみや不自由を耐え忍ぶ。…(中略)…この忍耐力の大部分は、日本では環境の変化が常に生じることに起因しているものと思われる」

「彼等は交際に於いて、はなはだ用意周到であり、思慮深い」

なぜキリスト教は弾圧されたのか

〈信長の跡を襲ったのは秀吉である。…(中略)…最初は彼もキリスト教に対してこれを擁護する態度であった。だが彼は宣教師たちの活動には怠りなく目を光らせ、彼等の

事を調べさせていた〉
〈カトリックの高位聖職者たちは、宗教活動の内に留まらず、政治的策謀の領域にまで関与するようになってきた〉

出典：ニコライ著『ニコライの見た幕末日本』（講談社、一九七九）

解説

ニコライは一八三六年ロシア生まれ。正教の伝道者として日本正教会を創建。一八六一年来日。一度帰国し一八七一年に再来日。一九一二年東京で永眠。

日本の歴史においてキリスト教の禁教は極めて重要な出来事であるが、引用箇所は、これを「ギリシャ正教」系の日本正教会の創建者として見たものであり、興味深い。次にあげるのは『ニコライの見た幕末日本』からの引用である。

「ヨーロッパにとってこの世紀は新しい国々がぞくぞくと発見されていった世紀であり、同時に、数々の恐るべき政治的暴虐の世紀でもあった。…（中略）…一五二二年にメキシコ帝国が壊滅し、一五三三年にはペルー帝国が滅び去っている。これら両帝国とも、文明の発達度においても武力においても、日本にひけをとるものではなかった。両国はイスパニアの武将たちを暖かく迎えたのであった。ところが、それに報いるにイスパニアの武将たちは厚顔無恥も極まる狡猾をもってし、原地人のあらゆる権利を踏みにじり、彼らをして異国の支配権の下に屈服せしめ、自由だった人々を一人残さず悲惨極まりない奴隷となしたのである。そして、宣教師たちがその征服者たちと常に行をともにしており、征服者たちはあたかも十字架の栄光のために行動していたかの如くであったということ、そのこともまた忘れてはならないだろう」

「慧眼の秀吉が、このヨーロッパの、とりわけイスパニアの政治の機運を察知しなかったはずがあろうか。そして正しい判断を下すことを怠ったはずがあろうか」

「(秀吉は) キリスト教を知っており評価していた。だが、同時に追放する理由があると考えた。その理由は？　キリスト教はこの国にとって危険なものだと彼が考えたという以外に理由はありえない」

ダ・ヴィンチと千利休の意外な接点

〈(ダ・ヴィンチの「最後の晩餐」の主題と) 千利休がつくりあげた茶の湯との関連に気づく人はごく少ないのでないか〉

〈布教の目的は聖書に書きとめられた言葉を伝えることよりも…(中略)…、信仰と洗礼を日本の信者に教え導く(ことだった)〉

〈私は利休がその場にたたずんで、…(中略)…司祭の服装をそして祭壇で行われる所作のひとつひとつを一心に見つめる姿をありありと思い描くことができる〉

出典：ピーター・ミルワード著『お茶とミサ』(ＰＨＰ研究所、一九九五年)

解説

ピーター・ミルワードは一九二五年生まれ、英国出身のイエズス会司祭で、上智大学名誉教授。『お茶とミサ』からの引用である。

ミルワードは先ずミサを説明する。

「イエスは弟子との最後の晩餐の席でユダヤの過越しの祭り、モーゼに率いられたイスラエル人がエジプトを脱出したことを祝っていた。イエスは食卓にあるパンとぶどう酒へと視線を移す。イエスはパンを手に取り、弟子たちに示して言う。『これは貴方達に与えられる私の体である』。同じように、ぶどう酒の杯を手に取って言う。『これは貴方達のために流される私の血である』。最後にきたるべき未来のため、イエスはさらに弟子たちに説いて言う。『私を記念して皆が集まる時は、今行った同じ動作を繰り返せ』と。イエスは自分の遺言を石に刻むのでもなく、文字に記すのではなく、パンとぶどう酒というごくありふれた食事という形で弟子達に残したのである。これがカトリックのミサという儀式のもとともとの姿、単純にして深遠なその原型である」

次いで「利休が茶道に新しい道を開いた頃は、キリスト教は徐々に日本に広がった。高山右近や小西行長らのキリシタン大名は、利休の友であり、茶道の弟子であった。利休は堺の商人であった。堺はそれより数年前聖フランシスコ・ザビエルが京都に向かう途中で立ち寄った町である。カトリック教会も勿論建築された」と当時の時代背景を説明する。

そして、利休とミサの結びつきについて、ミルワードは「こういう事物に囲まれた利休は、それが彼の日常からあまりにかけ離れた未知のものであるがゆえに、『悟り』の境地を体験したのでないか」と記す。

「永遠を映す」能楽が誕生した理由

〈写実主義《リアリズム》を、能の演出は一見拒んでいる様だが、その本質と情緒の効果においては恐らくそうでない〉

〈能楽は変わることを知らず、「時」とも無縁に、永遠に変わらざる何ものかを穏かに信じている。能役者たちは、数百年来殆ど変らぬ吟誦と仕草〉

〈能の精髄《エッセンス》は、多くの日本の芸術のそれと同様、集約から生れる単純さということだ。極めて少しで極めて多くを表すことが出来る〉

出典：ジョージ・フレーザー著『日本印象』（朝日新聞社、一九五二）

解説

ジョージ・フレーザーはイギリスの詩人、批評家。第二次大戦後に来日し、日本印象記を著す。

フレーザーが見たのは能「墨田川」。隅田川の渡し場で、狂女が人買いにさらわれたわが子を歌い、舞いを舞う。「狂女物」と呼ばれる演目である。

「能楽が、初めて見物する外人をも強く搏つのはどういう点だろうか？ ……（中略）…演出の厳しいまでに簡素な美しさ、背景に一本の松が描かれているきりの、裸の、しかし美しい釣合を保った舞台、華麗な、しかしこわばつた、誇張された、そしてそれゆえ肉体に別な、しかも無駄のない形を与える衣裳、ゆるやかに控え目な動きや仕草——あまりゆるやかなので、ぐるりと廻り、または泣くことを示すため片手を眼に上げる姿を見つつも、その仕草が終るまで、思わずこちらは息を呑んで待つような——、それから不思議な、締めつけられるような、その音はあたかも腹の中からのどの狭い隙間をほとばしって出て来るような台詞、それからまた鼓を打つ人達の、短い鋭い野獣のような叫び、それは吠え声のようでもあり、唸り声のようでもあり、しかし同時に手が鼓の皮を激しく叩くその音と同じ様に鍛錬された、規則正しい生き生きとした声」

「律動的《リズミカル》な鼓の音、鋭い断音《スタッカート》の掛け声、木々を渡る風のように悲しげな笛の音《ね》、速い単調な地謡《コーラス》の歌声、ゆるやかな舞いの手振り——が、催眠術のように人を情緒の中にひたらせて行くと、その時舞台の上の鋭い悲しみは音楽と動きと語り言葉の魔力に鎮められ和らげられて、人は何か冷たい感動に打ち震える」

「能について今一つの印象的な点は、それは極めて抒情的な特質である。…（中略）…感動の仕方は、歌舞伎の場合と全く異なっている。後者における感動はより旺盛に溌剌としているけれども、より皮相的で外面的である。能の情緒は単純な、哀切な、本質的な情緒である」（「隅田川」に言及）

「秀吉の朝鮮出兵」の真相

〈秀吉は新計画を抱懐していたのである。一言でいうとそれは、朝鮮、中国、フィリピンの征服事業である〉

〈日本軍は、いったん鴨緑江まで破竹の進軍をした後、今やそこから中国軍の為に退却。……（中略）……その有様は三五〇年後朝鮮戦争時のアメリカ人とかなり似たところがある。ちなみにそのときも、中国人口は世界の総人口のおよそ四分の一〉

〈特に日本兵にとって厳しくなったのは、朝鮮出兵二年目に朝鮮人部隊が自国製の火縄銃をもってたち現れるようになってから〉

出典：ノエル・ペリン著『鉄砲を捨てた日本人』（中央公論新社、一九九一年）

解説

ペリンは一九二七年生まれ。ダートマス大学教授。

天下統一後、秀吉は李氏朝鮮が服従を拒んだため、軍を朝鮮半島へ派遣。「文禄・慶長の役」と呼ばれ、一六世紀最大の戦争だった。

ペリンは前掲書で先ず、当時の日本軍の装備に言及する。

「日本人は武士と足軽の混合部隊で朝鮮に出兵したが、所持していた武器たるや、てんでんバラバラであった。部隊の大多数は武士で、伝統的な両刀のほかに少なくとも弓か槍を携えていた。他の兵隊の大多数は鉄砲をかついでいた。最初の侵略隊十六万人のうち、ほぼ四分の一強が鉄砲隊であった」

次いで初期に日本軍が破竹の勢いで勝ち進む様を記す。

「侵略当初の数カ月、思いのまま朝鮮を進攻している間は、日本軍のとりどりの武器がそれぞれにうまく機能した。朝鮮軍は組織力を欠いていたから、侵略軍は石斧で闘っても勝てたほどである。実際、侵略軍は大勝した。…（中略）…先発隊が釜山に上陸してから、ソウルを陥れるのにわずか十八日しか要していない。なぜならば朝鮮人は鉄砲をもっていなかったからである」

だが、次第に情勢が変化する。

「（朝鮮軍が火縄銃を持つが）その火縄銃というのは、朝鮮軍が分捕った若干の日本の鉄砲を朝鮮北部の鍛冶が模倣製作した朝鮮製のものであった。それは武士を撃ち殺す能力を完璧に備えていた。…（中略）…今度は多勢に無勢、日本軍は衆寡敵せず圧倒されてしまい、朝鮮側の厳しい巻き返しに直面する」状況が生ずる。

この中で膠着状況が続く。

「朝鮮の役中のいくつかの小競り合いで中国が勝ったことはある。だが、戦役それ自体に中国が勝利をおさめたわけではない。このことは中国人自身が明言している。…（中略）…中国の史書には朝鮮の役に関して以下のごとく概括しているのである。『関白秀吉の侵略は、ほぼ七年にわたった。死傷者は十万をくだらない。朝鮮と中国は連合して戦ったが、勝利の見込みはなかった。関白の死のみが戦争の惨禍に終末をもたらした』と」

「文禄・慶長の役」は明滅亡の一因

・朝鮮・明対日本の総力の戦が七年間。鉄砲やフランキ砲で殺し合いは熾烈を極める〈結果として、芥子粒ほどの領土の変化もなく、明確な勝利国もなく、講和もなし。……（中略）…東アジア三国の情勢には大変革をもたらした。…（中略）…朝鮮に援軍を派遣して支援した宗主国の明は国力消耗にあえいで、ついに満州族に滅ぼされる重要な要因に〉

出典：崔官著『文禄慶長の役』（講談社、一九九四年）

解説

崔官は、高麗大学校日本研究センター所長。一九九一年に東大修士論文として提出した論文をもとに『文禄慶長の役』（講談社、一九九四年）を出版。その引用である。

崔官は先ず、中国情勢を述べる。

「明は朝鮮を援助するため、のべ二〇万人を超える大軍勢を繰りだしたが、それにともなう軍需物資の負担は甚大なものであった。数万の兵士を失ったばかりではなく、甚大な物力、財力が費やされた。記録されたものだけでも、丁酉再乱（慶長の役）の時には、八百万両の銀を支払い、数十万石の食料を朝鮮に運びこんだという」

次いで日本についてこうまとめている。

「のべ三〇万人を超える日本軍の中で十万人は死傷したという。壬辰倭乱時、朝鮮に兵を送らず、勢力を温存の徳川家康に、時局が有利に流れる」

朝鮮の惨状については、「全土が戦火に見舞われた朝鮮の被害は目に余るもの。戦乱後の米の生産量は以前の三割にもさえなかった。戦乱前は百万十余結（一結は約一ヘクタール）であった全土の農地面積は戦争が終わった後の一六〇一年の調査でも三十余結。人民は日本軍に殺されるか、餓死するかの地獄に陥り、人口は激減する。このような戦乱の激甚な被害により、民心は動揺し、社会の安定は期待できない状況だった」としている。

朝鮮の政治は「朝鮮朝廷では『三綱五倫』で象徴される以前の性理学（朱子学）の理念によって秩序の回復を求めた…（中略）…一六三七年朝鮮はふたたび異民族の侵入（丙子胡乱）という国家的試練に耐えなければならなくなったのである。朝鮮は内心では抵抗しながらも、明から清を宗主国とする国際関係の中に編入を余儀なくされた」という状況となった。

第七章　徳川幕府の政治

・第一のグループは、「徳川幕府は厳しい統治社会で、一般の人々が政治に参加する民主主義体制とはほど遠い社会である」と批判的にとらえる。
・第二のグループは、統治の仕方が非民主主義的であることは認めつつ、「この時代は平和が続いた。首都江戸は実は大変な繁栄をしていた。独特の日本文化が形成された」と肯定的にとらえる。

江戸時代の政治状況をどう位置付けるか。これは容易なことではない。

現代に生きる日本人に、織田信長、豊臣秀吉の時代が今日まで続いているという実感はおそらくない。が、江戸時代の延長に生きているという実感はあるだろう。

徳川政権のどこに焦点をあてて評価するかは、今日の日本社会の在り様の評価と密接に関係するとも言えるだろう。我々の社会を見渡せば、江戸時代の名残がたくさん見受けられるからである。東京という都市にしたところで、町並みは「江戸」の延長線上にある。落語で「八っつぁん熊さん」の会話を再現しても、現代の私たちは違和感なく理解できる。

徳川幕府の評価は大きくいって次の二つのグループに別れよう。

第一のグループは、徳川幕府が非民主的である点に着目する。後で詳しく検討するが、一六九〇年に来日し、長崎出島のオランダ商館に勤務したドイツ人医師ケンペルは、次のように記している。「人民を厳重に取り締まり、もっぱら従順と勤勉と恭謙を旨とした生活を送らしめている」

第二のグループは、「この時代は平和が続いた、首都江戸は実は大変な繁栄をしていた、独特の日本文化が形成された」と肯定的に見ている。ワシントン大学教授のハンレーは「江戸は一〇〇万の人口を擁する大都市に成長できたのである。それは当時のヨーロッパ最大の都市であったロンドンの倍の規模であった」と指摘する。それを支えたのは、江戸の上水道の整備、汚物の処理能力であった。「士農工商」で「商」は社会的に低く位置付けられたが、富は「商」に集中した。「浮世絵」という当時の世界で最高水準の芸術を江戸時代が生み出したのも、そのことと無縁ではない。

三浦按針が語る「徳川幕府が長続きした理由」

〈ここの人々は気立てが良くて非常に礼儀正しく、戦争においても勇敢です。彼等の裁判は公平に課せられ、法律を破った者は厳しく罰せられます。市民は非常に社会的秩序のある方法で統治されており、これほど素晴らしい管理政策により統治されている国は、世界のどこにもないかもしれません〉

出典：田中丸栄子編『三浦按針11通の手紙』（長崎新聞社、二〇一〇年）

解説

三浦按針（本名ウィリアム・アダムス）は一五六四年生まれの英国人。一六〇〇年に日本へ漂着する。家康は、アダムスを二五〇石取りの旗本に取り立て、帯刀を許し逸見（横須賀市）に領地を与えた。前掲書から三浦按針の手紙を引用する。

【三浦按針の妻宛の手紙　一六〇〇年五月一二日】「私は王（家康）の宮廷に連れていかれました。そこは金箔を惜しみなく飾り付けた素晴らしく見事な建物でした…（中略）…王は（通訳を通じて）、どこの国の出身なのか、とても遠く離れたこの国へ旅してきた理由は何なのか等の質問をされたので、私は我が国の名前を伝え、そして東インド諸島では生産されないさまざまな商品を我が国は生産するので（貿易への意欲を説明し）…（中略）…貿易という手段を通して各国の王や統治者との友好を築くことを望んでいると伝えました。王は我が国（英国）がどこかと戦争をするのかと尋ねられた…（中略）…。さらに信ずるものが何であるか訊かれた…（中略）…。

王は次から次へと質問を続け、結局夜遅くまで王の側にいることになりました…（中略）…。二日後に再び私を呼び出し、西洋の習慣や情勢について、戦争と平和に関する事、動物や家畜の種類、信仰などあらゆる質問をされて、私は質問の一つ一つ全てに答え、王はたいへん満足している様子でした」

【一六一一年一〇月二三日付手紙「未知の友人および同国人へ」】

「私は皇帝（家康）に幾何学や数学、他の科目を教え始めました。非常に彼は喜び、私に対してさらに親切で丁寧になったほどで、私の言うことには決して反対しませんでした」

スウェーデン人が驚いた「礼儀正しい日本人」

〈日本では学問はまだ発達をみていないが、そのわりに国民は、どんな仕事においても、その賢明さと着実さを証明している〉

〈礼儀正しいことと服従することにおいて、日本人に比肩するものはほとんどいない。〉

〈高慢は国民の大きな誤りの一つと言えよう〉

〈日本の法律は厳しいものである〉

出典：カール・ツュンベリー著『江戸参府随行記』（平凡社、一九九四年）

ツュンベリーは一七四三年生まれ。スウェーデンの医師、植物学者。オランダ東インド会社医師として一七七五年来日。帰国後はウプサラ大学教授、学長を歴任する。前掲書から引用する。

「日本帝国は、多くの点で、独特の国であり、風習および制度においては、ほとんどの国とまったく異なっている。そのため、常に驚異の目でみられ、時に賞賛され、また時には非難されてきた…（中略）…日本人は第一級の民族に値し、ヨーロッパ人に比肩するものである」

「国民性は賢明にして思慮深く、自由であり、従順にして礼儀正しく、好奇心に富み、勤勉で器用、節約家にして酒は飲まず、清潔好き、善良で友情に厚く、率直にして公正、正直にして誠実、疑い深く、高慢であるが寛容あり、悪に容赦なく、勇敢にして不屈である」

「その国民性の随所にみられる堅実さ、国民のたゆまざる熱意、そして一〇〇を超すその他の事柄に関し、我々は驚嘆せざるを得ない。このように、あまねくかつ深く祖国を、お上《かみ》を、そして互いを愛しているこんなにも多数の国民がいるということ、自国民は誰一人国外へ出ることができず、外国人は誰一人許可なしには入国できず、あたかも密閉されたような国であること、法の執行には力に訴えることもなく、かつその人物の身上に関係なく行われるということ、政府は独裁的でもなく、また情実に傾かないこと、君主も臣民も等しく独特の民族衣装をまとっていること、…（中略）…何世紀もの間外国から戦争がしかけられたことはなく、かつ国内の不穏は永久に防がれていること、種々の宗教活動が平和的に共存していること、飢餓と飢饉はほとんど知られておらず、あってもごく稀である」

「従順な日本人」は徳川時代にルーツ

〈将軍は国の慣例を思うままに制御し、新しい仕来りに置き換え、国民の行うべき作業を決定したり、制限したり、人民に報奨を与えて発明を奨励し、技術の進歩を図る反面、見張りを置いて絶えず人民を監視し厳重に取り締まり、もっぱら従順と勤勉と恭謙を旨とした生活を送らしめ、全国を恰も礼譲一点張りの学校に変える力を持つに至った〉

出典：ケンペル著『日本誌（下）』（霞ヶ関出版、一九七三年）

解説

ケンペルは一六五一年生まれ。ドイツ出身。一六九〇年オランダ商館付の医師として来日し、約二年間出島に滞在。ケンペルの遺品を入手した英国人医師ハンス・スローンがケンペルの遺稿を『日本誌』として出版。ゲーテ、カント、ヴォルテール、モンテスキューらにも読まれる。ケンペル著『日本誌（下）』から引用。

「この国は（鎖国政策によって）永久に門戸を閉ざすことになったので、今や幕府将軍は絶大な権力者となり、何をやるにも制限はなく、妨げになるものはなくなった。国内の諸大名の権勢は地に堕ち、臣下の頑強な抵抗は制圧され、外国筋の企てや影響力は、巧みに斥けられた。将軍は、全国の町村部落、各種の社会団体や職人組合までもがっちり掌握している。このような厳重な秩序は、ちょっと他の国では見られない」
「現在日本を支配している将軍綱吉は先代家綱の子であるが、気宇雄大にして天性勝れ、父方の才徳を一気に享け、国法を厳守し、臣下には極めて寛大である」
「日本の国民は、世界の他の国民に比べて、礼節、道義、技術および優雅な挙措の点で優れたものを持ち、繁昌する国内の商売、豊壌な沃土、強健な身体、勇敢な精神、余剰のある生活必需物資、破られることのない国内の平穏等の諸点で、恵まれた環境に置かれている」
「日本の国民が今の状態を昔の自由な時代に比べ、或いは祖国の遠い昔の歴史を回顧すれば、一人の統治者の最高意思によって支配され、他の全世界との共同体とは切り離され、完全な鎖国状態がとられている現在ほど幸福な時点を見出すことは、たしかにできないだろう」

「横柄な役人」が日本に誕生したワケ

〈日本では、身分の高い人々、ことに高級役人達は、私にとり全く望ましくない存在……（中略）……。彼らは絶えず何らかの奴隷的な奉仕というものを必要としており、そして一生を、つまらない儀礼に齷齪《あくせく》してすごしているから〉

〈体は強健で、いつも新鮮でゆったりとした気分で積極的に仕事におもむき、そこから生まれる利益を家族の懐の中で心から分け合っている町民たちとでは、外観の上でも

〈人格の点でも大きな差異が生ずる〉

出典：フィッシャー・フィッセル著『日本風俗備考（一）』（平凡社、一九七八年。原著は一八三三年刊）

解説

フィッシャー・フィッセルは一八〇〇年生まれ。一八二〇年オランダ東インド会社の社員として来日、出島オランダ商館につとめる。帰国後、日本の実情を知らせることを自分の責務とみなす。『日本風俗備考』からの引用。

「将軍は独裁的君主とみなされてはいるが、その権力は名前に付随しているだけである」

「秘密探偵（隠密）がすべての政治上の事件でいわば鋭い剣となっている。日本ではこのような探偵から自らを守ることはむしろ不可能である。このような秘密探偵が存在するために、日本人がお互いに重要な事柄について、とくに政府のことに関しては、胸襟を開いて話し合う事をしないという結果が生み出されている、（彼は間宮林蔵が長崎にきていたこと、彼が懇意にしていた日本人が間宮をみかけ、一時隠れていたこと等を記載している）」

「日本人は完全な専制主義の下に生活しており、従って何の幸福も満足も享受していないと普通想像されている。ところが、私は日本人と交際してみて、全く反対の現象を経験した。専制主義はこの国では、ただ名目であって、実際は存在しない」〉

〈日本ではどんな人でも法の上に立つということはない。これまで述べてきた制度が個人と財産の安全をもたらすためにすべて役立っているのであるが、それはヨーロッパの上流階級にあってはめったに見

ることのないことである〉

〈自分達の義務を遂行する日本人達は、完全に自由であり独立的である。奴隷制度という言葉はまだ知られていないのであり、封建的奉仕という関係さえも報酬なしには行われない〉

「過酷でもあった方がまし」徳川幕府の功罪

〈民主国家の市民は、専制的中央集権政府というものがいろいろな弊害があるにしても人類の発展史において重要な役割を演じていることを時によると忘れがちであります。政治の仕方を誤ったために虐政が行われることもあるにはありますが、……（中略）……政府が優柔不断であったり、甚だしくは政府が全くないというような条件から虐政が行われる場合もあります。大ていの人は政府が存在しないよりは過酷な政府でもあった方がましだと思うでありましょう〉

出典：ジョージ・B・サンソム『世界史における日本』（岩波書店、一九五一年）

解説

サンソムは一八八三年生まれ。三〇年以上東京の英国大使館に勤務していた。一九四七年からコロンビア大学で教える。著書『世界史における日本』（岩波書店、一九五一年）等からの引用。

徳川幕府は確かに専制的な面もあったが、江戸時代を通じて平和と安定をもたらしたと評価するサンソムは、「第二のグループ」である。

「家康をはじめ代々の将軍は日本人の生活を一つの型に固定させ、変化を防止しようと努めました。この試みは非常な決意を持って行われた」

「ヨーロッパにおいて封建的割拠体制が崩壊し、国民国家の発生をみるにいたったときに、一般民衆は絶対王政に反対しなかったばかりか、進んでそれを歓迎しました。絶対王政の支配は圧政的であったかもしれませんが、それは国家に秩序と或る程度の安定をもたらすように作られていました」

「信長と秀吉の建設的事業は中央集権支配のもとに日本の統一を目ざしたものでありますが、足利末期および戦国時代の耐え難い混乱ののちであったために一つの救いとして民衆から歓迎されました。家康が最後に覇権を握り、徳川氏は極めて鞏固な独裁を打ち立てることに成功しましたが、これは一部の外様大名が決して心底から協調しなかったのを除いては万人がほとんど感謝して全体主義的政治体制を受け入れた実例であります」

「日本では哲学者のあいだでも時代の主義原則や政治の方法を攻撃した徴候は少ししかありません。…（中略）…秩序と規律に耐えきれない状態を示すもの、私がさきに言った反抗的、個人主義的精神に照応するものはまことに少なかったあります。日本では義務の観念が政治生活でも社会生活でも個人の権利に優越していたように思われます。…（中略）…百姓一揆は特定の不平不満の現れではあったが政治意識ましてや政治上の主義の現れではなかった」

江戸時代になぜ商業が発展したのか

〈将軍職もときとともに半ば飾りものと化し、基本的には天皇と同様、権威の象徴としてのみ、機能するようになった。…（中略）…似たようなパターンは、諸藩においても同様に見られた〉

〈膠着し硬直した政治のしくみの中でも、経済、社会、文化などの分野では、変化がまちがいなくおこっていった。もっとも重要な変化は、経済の際立った発展であった〉

出典：エドウィン・ライシャワー著『ザ・ジャパニーズ』（文藝春秋、一九七九年）

解説

ライシャワーの前掲書からの引用。

江戸時代の全体的評価を「生活が向上し、その日ぐらしの、生存できるぎりぎりのレベルから脱出したという事実は、十九世紀の日本人がすでにかなり高い識字率を有し、経済的・社会的・政治的にも相当程度まで統合されていたこと、さらには彼等が示した活力や力強さの秘密を解き明かしてくれるかもしれない」としている。

江戸時代の社会現象として重要なのは商業の発展であるが、この点については次のことを指摘している。

「封建社会の土地のありように関する思い込みは奇妙な逆説を生み出した。政治指導者は、農業を重視したが故に、農業には重税を課した。逆に商業はこれを軽んじたがゆえに、間接税――それも軽いもの――に過ぎなかった。このような状況は、全国次元での経済統合の進行と相まって、幕府の直接的な支配と保護の下にあった大都市の富裕な商人階級の台頭を促進した。三井家はやがて近代にいたり、世界最大の私企業の一つにのし上がってゆく。大名も家臣同様、年貢米という形での一定の収入にしばられていたため、その多くはやがて都市の商人に借財を重ねていった。この事態は、実は徳川幕府の存立基盤そのものをむしばむものであった」

社会全体をみると、「日本は外界の刺激からは殆ど完全に断絶されていたにもかかわらず、意外に奥行きが深く、多様性に富んでいたため、その社会は豊かで刺激的な文化を持ち、すこぶる生気に溢れていた。日本人は決して沈滞も停頓もしてはいなかった」としている。

政治情勢全般については「全般的な政治パターンは、厳然としてかたくなに変化を拒んでいたが、一皮むけば、そこには儒教思想と封建的価値観との間、そして経済成長と階級社会との間に、なまなましい緊張関係が歴然として存在していたのである」としている。

「民は倚《よ》らしむべし、知らしむべからず」

〈幕府の支配的原則というのは、これを一口でいえば、(一)国家のためになることだけが正しい、(二)私の道徳というものは存在せず、公の道徳だけが存在〉〈このような原則は…(中略)…――人の性は悪である。人は信賞必罰によってだけ統御できる。…(中略)…為政者は人民の繁栄や福祉を顧慮すべきでなく武力の強化に心を用うべきである。人民は権利はなくただ義務だけを負うものである――ということになります〉

出典:ハーバート・ノーマン著「封建制下の人民」(『ハーバート・ノーマン全集(二)』岩波書店、一九七七年)

解説

ハーバート・ノーマンは宣教師の子として、一九〇九年に軽井沢で生まれた。カナダ外務省に勤務し、戦後はGHQに出向、昭和天皇とマッカーサーの歴史的な会談においてGHQ側の通訳をつとめた。その後アメリカでマッカーシズムが吹き荒れると、ソ連のスパイの疑いをかけられ、カイロ(当時大使として赴任)で自殺する。前掲書から引用。

「徳川封建制度はつぎのような性格を特色としていました。すなわち、まず階級と階級の厳重な分離、というよりも、階級社会の固定。つぎには移動の自由を禁止して農民を土地に縛りつけたこと。自由な取引と製造業の禁止。念入りなギルド組織をもって職業の世襲を強制したこと。一般人民の武装解除を強行して、ことに秀吉の時代からは刀を差すのを特権階級つまり武士だけに制限したこと。上の者が下の者に対して――藩主が家来に、家長が家族に――結婚のような私事にまでにわたって厳重にそしてこと細かく監督したこと。また連帯責任の観念を強要したこと。これは特に、年貢の徴収や刑罰のために行ったのであります」

「徳川官僚の指導理論は有名な『官尊民卑』の言葉によくあらわれています。『官尊民卑』は基本的には人民を恐れていることの反映であって、そこから次のような徳川の典型的な法律が生れてきます。人民は集会してはならない。佐倉宗五郎の例に明らかに見るように、領主に請願することは固く禁じられる。『官尊民卑』の思想は徳川時代の官僚が得意とした『民は倚らしむべし、知らしむべからず』という中国の格言にいいつくされています」

「思想や知識の世界ではどうであったかというと、封建当局は外来思想の輸入に最も厳しい統制を加え、儒教の異端書の購読や研究を禁じました」

「滅私奉公」が生まれた理由

〈家族であれ、藩であれ、全体としての日本であれ、当該集団の構成メンバーの一人が属しているのは、特殊な体系ないしは集合体である。これらに献身することが、真理とか正義とかに対するような普遍主義的献身よりも優先する傾向を持つ〉〈もちろん、徳川時代の日本でも、普遍主義や普遍主義への献身はあった。しかし、主張したいのは、特殊主義がなによりも優先したということである〉

出典：ロバート・ベラー著『徳川時代の宗教』（岩波書店、一九九六年）

解説

ロバート・ベラーは一九二七年生まれ。米国の社会学者。ベラー著『徳川時代の宗教』からの引用。ベラーは徳川時代を「集合体への献身」とみなし、「一人一人の集合体に対する結びつきは、集合体の長に対する忠誠心として象徴される」としている。その際、「集合体の長」は「人物が誰であるかを問わず、集合体の長に対する忠誠」が求められるとしている。

そのことは「個人が全く個人的関係のない人物（たとえば天皇や将軍）に対する心からの忠誠の可能性を意味し、単なる個人的影響の範囲をはるかに超えて、強力な政治的影響を及ぼし得る」性格を持つとしている。

批判を招かないために、「多くの場合、執行上の役割を持たない傾向がある」「実際の行政機能は、一番番頭とか家老等に委ねられている」という現象が生まれるとしている。

ただ、徳川幕府は限界を内蔵しているとして、「将軍自身そのものの正当性に関するものである。現実には、将軍家は、日本における実際上の中心権力であったが、理論的には天皇が中心権力を持ち、将軍はただ一人の官吏たるにすぎなかった」と指摘している。この点は幕末時の討幕の動きの中心的命題となった。

かつ幕府の最大の弱点として、「幕府直轄地からのみ収税し、他の封建領主の土地に及ぼし得なかった。幕府は、国民役政治を国民的な課税体系もなく運営しなければならなかった。幕府が慢性的に資金に不足していた」と指摘している。

江戸時代が「現代の日本の原型」であるのはなぜか

〈戦争直後の日本学者中「一九三〇年代の軍国主義に導いた諸特徴を、徳川期に求め」徳川期の特徴を「厳格で軍事的な停滞的な一種の警察国家」とみなし、これからの例外は「明治維新へと導く崩壊を醸成した商人階級の成長」とみなす傾向があったが「このような見解は、今日もはや支持されない」〉

出典：クレイグ著「日本史におけるパースナリティーについての諸観点」（クレイグ、シャイヴリ編『日本の歴史と個性』ミネルヴァ書房、一九七三年）

解説

アルバート・クレイグは一九二七年生まれ。ハーバード大学教授。前掲書からの引用。

クレイグは、①徳川末期の狂熱的な尊王派の志士、②一九三〇年代の超国家主義的な青年将校の諸集団、③一九六〇年代後半を通じて現れた無政府的左派学生、の三者には、それぞれの集団が信奉するイデオロギーと歴史的文脈の違いこそあれ、明白な共通点があるとして、次のように指摘する。

「いずれの場合にも、極端な思想と道徳的正義感が集団の中で高まり、人は人をかりたて、集団内の圧力が蓄積して、ついに暗殺や直接行動の形で爆発するに至る」

上記の例は自己破壊的であるし、政権に対する公然とした攻撃性を見せたが、「歴史の大部分についていえば、日本人の衝動は、社会的に是認されるような諸事業の達成に注がれている。すなわち、政治指導者の容赦ない目標遂行とか、サラリーマンや官僚が自己の出世のためにはらう努力とか、日本の労働者の勤勉力行という形だとか、さらには芸術家達の創作活動という形ですら現れている」としている。

クレイグは「徳川期にはあらゆる部門、すなわち土地制度・法と政治・芸能・教育等々の部門で、徐々にではあるが進歩的な変化が起こっていた」として、「今日の学者達は、徳川期こそが、現代日本の驚くべき成長の水源であることを洞察している」と徳川時代を前向きに評価し、「徳川体制の安定性は、変化に対して創造的に反応し適応し得た人々に依るもの」としている。

「富の増大とライフスタイルの変化」をもたらした徳川幕府

〈一七世紀のあいだにほとんどすべての面で生活が変わった。…（中略）…庶民が恒久的な家屋に住み、…（中略）…木綿が衣料として好まれるようになり、…（中略）…サツマイモの栽培によって凶作時の飢饉の恐れが減った〉〈住宅建設の新たな方法でもっとも重要なのは礎石の使用であった。柱を地面に直接据えるのではなく、礎石の上に置いたのである。そうすることで、湿気の多い風土では土中で腐りやすかった柱が直接地面に接するのを防（いだ）〉

出典：スーザン・B・ハンレー著『江戸時代の遺産』（中央公論社、一九九〇年）

解説

ハンレーはワシントン大学教授。『江戸時代の遺産』（中央公論社、一九九〇年）より引用。

ハンレーは徳川幕府の意義を「成立及び社会的、さらには経済的、人口学的な展開とった点で、（中略）少なくとも普通の日本人に与えた影響という面では明治維新と同じように重要であったといえるだろう」とする。

農業における変化について「小規模な家族ごとの耕地を生みだした。その結果名子やその他のタイプの奉公人が小作人となり、結婚もし、自分の家族を持つようになった。とくに温暖な西日本でみられた小規模な家屋の急増だけでなく、おそらくは前代未聞の効率での人口増加」としている。

都市では「商業が栄え、都市が建設され、…（中略）…）職人や商人階級による文化が、都市に群がる集団としてはかつてなかったほどの富をもった新たな大衆の中から育ってきた」としている。

元禄時代について「たいていの日本人の生活は、戦国時代とは大きく違ったものであった。いくさがなくなったことが主要な変化なのではなく、富の増大の方がはるかにライフ・スタイルに影響した」とする。

ただ江戸文化が突然出て来たのではなく「江戸時代の生活が戦国時代と異なるとはいえ、新しい生活様式の起源の多くは十五・十六世紀にあった。…（中略）…江戸時代における富の増大を示す最良の証拠は室町時代や戦国時代にその発展の起源を持つ住宅である」としている。

ハンレーは特に住宅建設の変化に着目し、礎石の使用によって、住宅の耐久性が高まり、それによって「彼等はあらゆる種類の多くの消費財も購入し」庶民の家にモノが増えた点を指摘している。住宅の礎石の普及は、戦国時代の石を利用しての築城技術が住宅の礎石への転用という形で貢献した。

ロンドンに先駆けて上水道を整備した江戸

〈一八世紀初頭には、強力な統制によって、江戸は一〇〇万の人口を擁する大都市に成長できたのである。それは当時のヨーロッパ最大の都市であったロンドンの倍〉〈ロンドンの上水道が飲んでも大丈夫とみなされたのはようやく一九二一年になってから〉〈一五九〇年に徳川家康は、自らの首府を選ぶ際に、家臣の大久保藤五郎忠行に命じて、上水道のシステムを作らせている。最初に建造された水道は神田上水〉

出典：スーザン・ハンレー著「一七―一九世紀　日本の公衆衛生の先進性」（『知られざる日本（第二集）』国際経済交流財団、二〇〇一年）

解説

スーザン・ハンレーはワシントン大学教授。前掲書からの引用。

ハンレーは江戸時代について「保守的で権威主義的な体制の下で、政府が人々に大きくのしかかった時代という方がふさわしいだろう。しかし、公衆衛生は幕府が置かれた江戸の法と秩序を維持するために制定された法規から生まれた、思わぬ副産物であった」と評価している。

ハンレーは「公衆衛生にとってもっとも大切なのは、十分な量の質の良い水を供給することである」

として、神田上水に言及し、次いで「一六五二年には、多摩川から水をひく第二の水道の使用が始まった。この玉川上水は、江戸城の四谷門までの約二七マイル（約四三キロ）で（ある）」と言及した。

ハンレーは、ロンドンと比較し、ロンドンの上水道が飲めるようになるのは一九二一年であるとして、「江戸とその他の日本の都市における上水道とゴミ処理の方法は、全般的に効率が良く、比較的衛生状態が良かった」と指摘している。さらに「幕府は水の使用を厳格に統制した。（この規制で）十分な水が一日二四時間供給された。これとは対照的に、一八世紀半ばまで、ロンドンで水が出たのは週三日、しかも日に七時間だけであった。玉川上水は大量の水を江戸に供給した」としている。

公衆衛生で重要な点は排泄物の処理であるが、「日本では人の排泄物は、それを除去するためになにがしかのお金を支払うような、経済的に『損になる』ものではなく（農業用に使用され）金銭価値をもった商品であった。…（中略）…農村において肥料として長く使われてきたので、休耕地としておく農地が少なくて済んだ」と指摘している。

鎖国はなぜ必要だったのか

〈自然に恵まれ、あらゆる種類の必要物資を豊富に授かっており、かつ国民の多年にわたる勤勉な努力で国造りが完成している国家としては、自分からは何も求めるものがない外国に対しては、外国人どもの計略に乗らず、貪欲を跳ね返し、騙されないようにし、戦いをしないようにして、国民と国境を守ることが上策であり、また為政者の義務でもある〉

出典：エンゲルベルト・ケンペル著『日本誌（下）』（霞ヶ関出版、一九七三年）

解説

ケンペルは一六五一年生まれ。一六九〇年オランダ商館付の医師として、約二年間出島に滞在。ケンペル著『日本誌』（霞ヶ関出版、一九七三年）からの引用。彼の『日本誌』は哲学者カントにも読まれ、その思想に影響を与えたと言われている。

「われわれが居住するこの小さな世界、その世界における人間社会に障壁を築いて、相互の交流を断つことは、恐らく邪悪であり、まことに大きな罪悪だと見做されうるだろう」

「われわれ人間は、皆一つの太陽を仰ぎ、すべて一つの地球に住み、同じ空気を呼吸して生きているのである。自然には境界はなく、我々を分け隔てるようなことは天理に悖る」

「（だが）私は結論として、日本の鎖国を日本の立場から納得出来ると論断するのである。（日本がしていることは）神の叡智に適う生き方である。この地球は一民族の居住のために設けられたものではなく、多数の民族のために、設けられたものであることもはっきりしている。地球のいろいろの部分は、川により、海により、山により、さらにまた異なる気候によって、自然の境界線が画され、互いに隔離され、それによってそれぞれの地域に全く才能の異なる民族が住みつくように形造られている」

「諸民族は他民族から襲撃されて、離散の憂目を見ることは少なく、公共事業や私的稼業はよりよく営まれ、国内の荒蕪地や棄地は開墾され、学問・機械技術・徳義人道の面でも一層の努力が、物心両面にわたって発展が遂げられ、一層公平に賞罰が行われ、育児や家事に励むこととなり、一口で言えば、諸国は日本の例に従えば幸福の絶頂に達するという事になる」

鎖国を支持した哲学者カント

〈我々の大陸の文明化された諸国家、とくに商業活動の盛んな諸国家の非友好的な態度をこれと比較してみると、かれらが他の土地や他の民族を訪問する際に（訪問することはかれらにとってそこを征服することと同じことを意味するが）示す不正は驚くべき程度に達している〉

出典：イマヌエル・カント著『永遠平和のために』（岩波書店、一九四九年。原著は一七九五年刊）

カントはドイツ古典主義哲学（ドイツ観念論哲学）の祖とされている。カントは前掲書において、日本の鎖国を是認する論を展開している。

「独立して成立しているいかなる国家も、（その大小の如何はここでは問題でない）継承、交換、買収、或いは贈与によって、他の国家の所有とされてはならない」

「いかなる国家も暴力を以って他国の体制及び統治に干渉してはならない」

「アメリカ、黒人地方、香料諸島、喜望峰などは、それらが発見されたとき、かれらにとっては誰にも属さない土地であるかのようであったが、それは彼等が住民たちを無に等しいとみなしたからである」

「東インドでは、かれらは、商業支店を設けるだけという口実の下に、軍隊を導入した。それとともに原住民を圧迫し、その地の諸国家を扇動して、広範な範囲におよぶ戦争を起こし、飢え、反乱、裏切りその他人類を苦しめるあらゆる災厄を嘆く声が数えたてるような悪事を持ち込んだのである」

「それゆえ中国と日本がこれらの来訪者を試した後で、次の措置をとったのは賢明であった。すなわち前者は来訪は許したが入国は許さず、後者は来訪すらもヨーロッパ民族の一民族にすぎないオランダ人にだけ許可し、しかもその際に彼らを囚人のように扱い、自国民との交際から閉め出したのである」

「日朝友好は両国のためになる」と言った家康

〈徳川家康が自ら対朝鮮外交の舞台に登場するのは、彼が秀吉の死後、朝鮮で苦杯をなめている日本軍を撤退させたのち、対馬の宗義智に対して下した李氏朝鮮との復交指示からである…（中略）…。注目すべきことは、家康が「通好は両国の為なり」と述べて対朝鮮外交の基本姿勢を明らかにし、「太閤一乱の後、其道絶えたり」と指摘して秀吉の朝鮮侵略を批判した上で、新たな朝・日両国の善隣友好関係の構築を望んだ点であろう〉

出典：朴春日著『朝鮮通信使史話』（雄山閣、二〇〇〇年）

解説

江戸時代、朝鮮からの初めての通信使は一六〇七年に派遣され、計十二回実施された。朴春日は一九二三年生まれ。アジア文化交流史研究家。前掲書からの引用

家康の対朝鮮政策について「家康は『天下分け目』の関ケ原の合戦で勝利を収めたのち後、通好を求める対朝鮮姿勢をさらに明確にした。それは一六〇二（慶長七）年…（中略）…（宗義智）に『太閤秀吉、朝鮮征伐ノ後、両国ノ交リ断絶セリ、当代朝鮮ニ対シ更ニ遺恨ナシ、彼方和睦アラバ御許容ナルべ

シ』と述べ」「(一六〇三年家康は)江戸に幕府を開くと共に、対馬の宗氏を通じて李氏朝鮮に対し、和好の証しとして通信使の派遣を正式に要請した」という点に言及している。

これを受け、朝鮮側については「李朝政府は翌年八月、日本側の真意を確かめるべく、『探賊使』として…(中略)…(松雲大師などを派遣したが)その使節名は朝鮮側の対日姿勢を表したものと言えよう」「『探賊使』派遣に関する『朝鮮全史』(朝鮮社会科学院歴史研究所)の次の指摘は興味深い。『このとき、李朝封建政府が重要視したのは、日本との関係をできるだけ複雑化させないという点であり、日本において朝鮮侵略の元凶である豊臣政権が崩壊し、徳川家康の幕府政権が出現して、朝鮮との平和関係を回復しようと望む条件のもとで、日本との国交関係を回復させ、壬辰祖国戦争の期間、倭敵に強制的に拉致されたわが人民を送還させるということであった。また重要な目的は、日本の国内情勢を探り、それに対処するだけではなく、対日貿易を通じて支配層に必要な奢侈品、その他の物資を確保しようというところにあったのである』」と記している。

「日本人は勇敢ではない」ロシア人捕虜の印象

〈日本人が聡明で烱眼《けいがん》なことは、外国人に対する彼らの態度や国内統治上の態度によって十分に証明される。われわれは日本人の誠実さを体験する機会もたくさんあったし、また自分の経験によって不幸な隣人に対し彼らが同情してゐることを確信する機会も

多かった〉〈日本人に欠けてゐるものが一つだけある。それはわれわれが剛毅、勇気、果断と称するものである〉

出典：ゴロヴニン著『日本幽囚記（下）』（岩波書店、一九四六年）

解説

ヴァシーリー・ゴロヴニンは一七七六年生まれ。ロシアの海軍軍人。一八一一年千島列島の測量を命じられ、自らが艦長を務めるディアナ号で択捉島・国後島を訪れる。国後島にて幕府役人に捕縛され、箱館で幽閉される。前掲書から関連する箇所をさらに引用する。

「日本人は節倹ではあるが、吝嗇ではない。その証拠として彼らは守銭奴を大いに卑し（む）」

「日本人は天下を通じて最も教育の進んだ国民である。日本には読み書きの出来ない人間や、祖国の法律を知らない人間は一人もいない」

「農業、園芸、漁業、狩猟、絹及び綿布の製造、陶磁器及び漆器の製作、金属の研磨については、殆どヨーロッパ人に劣らない。…（中略）…指物および轆轤業は日本では完成の域に達している」

「統治に参画している貴顕や学者を除くと、日本人は皆、外国人のことについて貧弱きわまる知識しか持ってゐない」

「日本国は既に約二百年というもの一度も隣国と戦争したこともなく、時たま起こった重要ならざる反乱を除けば、大きな内乱もなかった…（中略）…。平和状態はどんな国にとっても兵学の進歩に貢献しない。ことに日本では外国の発明品を使用することを法律でもって禁じているため、自国の考案だけしか使えないが、この考案は、軍事上の経験と練習が足りないから非常に不完全である…（中略）…。日本の砲兵は、まだまだ大変に不完成である」

「もし日本政府が海軍を備える気になりさえすれば、ヨーロッパの手本によって海軍をつくることも、これを及ぶかぎり完成することも易々たるものである」

「大塩平八郎に学べ」三島由紀夫の言葉のナゾ

〈大塩の乱は紛れもなく、挫折の一例である〉

〈私自身の思い出の中に、いま三島（由紀夫）と最後にかわした会話が甦ってくる。もしも西洋人が日本精神の本質を理解したいならば、日本人の持つ勇健精悍なたけだけしい英雄の典型として大塩平八郎を研究したらよい。日本精神とは平安朝宮廷女官たちの日記や優雅な歌と歌とを交すならわし、あるいは儀式的なお茶会などだけで代表されるべきものではない〉

出典：アイヴァン・モリス著『高貴なる敗北　日本史の悲劇の英雄たち』（中央公論新社、一九八一年）

解説

モリスは大塩平八郎の乱を「一八三七年大飢饉による民衆の窮状を目の前にし、無為無策のままの幕府に抗議して、大坂の儒学者大塩平八郎中斎は『救民』を旗識のもとに兵を挙げた。ところがその挙兵は完敗した。大阪町奉行与力として立派な業績をあげていたこの指導者、そして同志達は、同じ町奉行の捜索によって、ことごとく逮捕され極刑に処された」と記す。

モリスは日を戦後の日本に転じ、「肉体の安全が主張される為、精神の方が早逝して肉体が長生きするという人間がふえた。…（中略）…意気の上がらない日本人の画一的生活態度に対し目覚ましい例外は過激派学生の運動であった。保守政治体制を崩壊させるという、一見してすぐ無理だとわかる目標の為に危険をいとわず、犠牲を覚悟で身を捧げるという運動に参加した学生たちであった」と安保騒動の学生を評価する。

大塩平八郎について「さまざまな思想、立場の人々が、大塩平八郎を崇拝してきたのであるが、これらの人々に共通分母があるとすれば、それは何であろうか。…（中略）…いかに危険な暴力的方法であっても必要ならば使用して、既存の権力体制を崩す決意をしていること、その行動の効果がいかに頼りないものであっても、その決意を固く保っていたことも挙げられる」とし、「大塩の哲学は陽明学のどの点を特に重要とみていたのであろうか。…（中略）…『太虚』である。…（中略）…太虚とは創造力である。…（中略）…『身の死するを恨まずして、心の死するを恨む』と『洗心洞箚記』上巻に記す」

「大塩が一般庶民のために正義を生涯の目標に選んだことは、…（中略）…支配者である幕府当局と真向うから衝突する道についたことを意味していた」と記している。

「規制でがんじがらめ」の社会が生まれた理由

〈日本の立法は秋霜烈日の厳しさを備えている。厳密にいえば日本ではすべてが禁じられており、一部の事柄だけが許されている〉

〈役人が自分ではまったく潔白だと思っていた行動が、実は将軍の不興を買い、本人が意識しないうちに犯罪者となってしまう例がしばしばあるのだ。そうしたことからも武士とくに役人は常に切腹の命令を受ける覚悟をしていなくてはならない〉

出典：ラインホルト・ヴェルナー著『エルベ号艦長幕末記』（新人物往来社、一九九〇年）

解説

ヴェルナーは一八二五年生まれ。ドイツ人。プロイセン王国（独）海軍に入る。エルベ号艦長として一八六〇年一一月長崎着。前掲書から関連箇所をさらに引用する。

「刑罰には斬首、磔刑と投獄がある。…（中略）…拷問は行なわれず、また体刑を課することもない。…（中略）…わたしが目撃した限りでは、犯罪はきわめてわずかしか発生しない。人口六万の都市長崎においてすら、五〇個位の独房しか備えていない刑務所が一つあるだけだ。現在の法律制度ならびに日本に厳存する責任体制からしても、多くの犯罪が発生しうるとはほとんど考えられない」

「家父長はおのれの家族に対して絶対の権威をもっているが、それと同時に家族の行動についても責任をもっている。一つの町内の五人の家主がつねに一集団をつくり、その中の一人を他の四人についても責任をもつ上役として選出する。この集団はさらに乙名《おとな》あるいは町名主を選出するが、彼等は町内で発生するすべての事件について上役である町年寄に対し責任をもっている。…（中略）…町年寄は町奉行に対して責任を持っている」

「一般の日本人は処刑されるさいでもまったく平然とした態度をとり、…（中略）…この不敵な態度は、すべての日本人に内在する誇り、自尊心、それに高度に名誉を重んずる感情の結果であろう」

「将軍自身もこうした切腹の指図を受けることを覚悟せねばならない。…（中略）…たとえば前将軍はアメリカとの和親条約締結によって、一見将軍に服従しているようだが実際には将軍の座を脅かすに足る権力を持つ家臣の不満を買った…（中略）…。公式発表による『喀血による突然死』の真相は容易に理解できる」

徳川幕府を支えた「諜報機関」の正体

〈民衆の精神的な憧憬を最小限に押さえているに違いない理由がある。

それは第一に、民衆の自由な活力を妨げ、むしろ抹殺する封建体制の抑圧的な傾向があげられる。公然であろうと隠密裡であろうとを問わず、忌まわしい諜報機構が存在し、しかもそれが大君の政府を支えている。実際密告は、この政府のもっとも強力な武器である〉

出典：ハインリヒ・シュリーマン著『シュリーマン旅行記　清国・日本』（エス・ケイ・アイ、一九九一年）

解説

ハインリヒ・シュリーマンは一八二二年生まれ。ドイツの考古学者。トロイアの遺跡を発掘。一八六五年に日本を訪問。『シュリーマン旅行記　清国・日本』（エス・ケイ・アイ、一九九一年）からの引用。

「もし文明という言葉が物質文明を指すなら、日本人は極めて文明化されていると答えられるだろう。なぜなら日本人は、工芸品において蒸気機関を使わずに達することのできる最高の完成度に達しているからである。それに教育はヨーロッパの文明国家以上に行き渡っている。シナをも含めてアジアの他の国では女たちが完全な無知の中に放置されているのに対して、日本では、男も女もみな仮名と漢字で読み書きができる。だがもし文明という言葉が次のことを意味するならば、すなわち心の最も高邁な憧憬と知性の最も高度な理解力をかきたてるために、また迷信を打破し、寛容の精神を植えつけるために、宗教――キリスト教徒が理解しているような意味での宗教の中にある最も重要なことを広め、定着させることを意味するならば、確かに、日本国民は少しも文明化されていないと言わざるを得ない」

「われわれは高名な豊顕寺々で休憩した…（中略）…。大理石をふんだんに使い、ごてごてと飾りたてた中国の寺は、きわめて不潔で、しかも退廃的だったから、嫌悪感しか感じなかったものだが、日本の寺々は鄙びたといってもいいほど簡素な風情ではあるが、秩序が息づき、ねんごろな手入れの跡も窺われ、聖域を訪れるたびに私は大きな歓びをおぼえた」

庶民の文化が江戸時代に発展した理由

〈経済的変化が平民（町人）に事実上の重要な位置を与えた。…（中略）…さむらいはまだ威厳を保ち、高い社会的身分の自覚は持っていた。然し金を一番多く、楽しみを一番多く持っていたのは平民であった〉

・その芸術は「支那臭」を抜け出て、当時の流行語で「浮世」と呼んだものを中心にしていた。

出典：ジョージ・B・サンソム著『日本文化史（下）』（創元社、一九五二年）

サンソムは前出の英国外交官。コロンビア大学東アジア研究所の初代の所長。関連箇所をさらに引用する。

「元禄は…（中略）…ごく短い期間の年号であるが、然し世紀の変り目に絶頂に達した一つの明確な文化相を代表」

「天平の彫刻から足利の墨画に至るまで、日本の美術の多くには「支那臭」があった。…（中略）…然し造形芸術が支那の影響を脱れることの稀であったのは、…（中略）…学問の根底を支那に置いた或特定階級の手中にそれがあったのが主な原因である。然るに元禄及びその頃の年代には、芸術的衝動は遥かに広くひろがり、因襲に妨げられることは遥かに少なかった」

「江戸文化の始めは町人に関する限り、西部日本から移植されたもので、すべてがその土地に発生したものではなかった。然し江戸と大阪とは気候も環境も違っていたし、西部日本からの商人の初期移住後、日本各地から進取的な民衆が雑然と集まった中でも東国の頑固で喧嘩好きな人々が強力な要素となっていたから、物質的社会的環境の所産として、江戸文化には特殊な性格がすぐに発達した」

「町人の文化は本質的には、娯楽に夢中であった富裕な中産階級の文化であった。その芸術は当時の流行語で『浮世』と呼んだものを中心とする。束の間の楽しみ、劇場と料理屋、相撲小屋と茶屋などの世界こそここの浮世であって、そこに常住するものは役者、踊り子、芸者、咄し家、幇間、遊女、湯女、地回りのとりもち役など、それにまじっているのが豪商の放蕩息子、ふしだらなさむらいといたずらな奉公人。当時の通俗小説であり通俗画である『浮世草紙』や『浮世絵』に描かれているのは、主にこの花街とその土地者との生活である」
「（思想面では）忠誠と奉公との義務を公私道徳の基礎と……（中略）……人間の最も大切なことは自己の福祉ではなく、自己の属する団体の福祉でなくてはならぬと主張する点では一致していた」

日本文化が「二つの流派」に大別されるワケ

・日本文化には、はっきり二つの要素が見られる。一つは、極端なまでの簡素、洗練、抑制といったようなもの。茶、俳句、短歌、能、あるいはまたある種の屏風絵、浮世絵（花鳥、風景等）、神社建築に見られるもの。
・今一つは、洗練度は低いにせよ、もっと豊満、華麗な性格として見られるもの。日光の絢爛たる陽明門、群衆を描いた浮世絵、華やかで派手な民謡。

出典：ジョージ・S・フレーザー著『日本印象』（朝日新聞社、一九五二年）

解説

前出のジョージ・S・フレーザーは一九一五年生まれ。英国の詩人。『日本印象』中の「歌舞伎と日本文化」項より関連箇所をさらに引用する。

「第一の要素（簡素・抑制）には、なにか宗教的諦観を示しているように思える。即ち、静かな観照、瞑想の気分を求めるものであり、それにはどこか抒情的、神秘的なものが感じられる。これに対して第二の要素（華麗）は、必ずしもまだあまりソフィスティケートされない、華やかな、時には子供らしいまでの生への欲望を示しているように思える。第一のものは貴族的、それに対して、第二のものは庶民的とでも言えようか。茶席にあっては、私は第一の要素を感じ、芸妓などのでる宴席などでは、この第二の要素を感じる。前者は、控え目と自制を求め、後者では激しい弛緩と率直な自己表現を求めている。またたとえば古陶器の茶碗、釉薬も粗く、ムラがあれば、刻み目等もわざと不整であり、ことに陶工の指痕がそのまま残っていて、それがまた飲む人の指に、まことに気持ちよく落ち着くというような、あの古い茶碗等は、第一の要素のシンボルだとすれば、他方のあの豊潤だが、多少うるさく思えるほどの装飾沢山で、ある種の外人には、ひどく好評らしい、伊万里等は、さしずめ第二のシンボルであろうか。日本芸術における豪華、華麗な方の要素は、多分に中国からの影響によるものではないか。簡素、抑制の要素こそ、日本固有のものではなかろうか。両者ともに必要なのであり、日本人の気質のいわば両端に、それぞれ訴えるものがあるのであろう」

「カブキは、この第二の要素を代表しているように思える…（中略）…華やかさを極めている」

「桂離宮はアテネのアクロポリスに匹敵」ブルーノ・タウトが明言

〈この十七世紀の建造物（桂離宮）は実に日本の「古典的建築」である。たとへばアテーネのアクロポリスとその柱廊やパルテノスの如きもの〉〈この二つの場合に共通の主眼点は、幾世代にもわたる醇化のために、あらゆる個性的なもの偶然的なものから離脱した形式である。前者は方石建築の、後者は木・紙・竹の建築の、各々《おのおの》の完成されたる技術である〉

出典：ブルーノ・タウト著『ニッポン』（明治書房、一九四一年）

解説

桂離宮は、江戸時代の一七世紀に皇族の八条宮の別邸として創設された。ブルーノ・タウトはドイツの代表的建築家で、ナチスの迫害により、亡命先を探し一九三三年に来日し三年半滞在した。タウト著『ニッポン』からの引用。

「先ず離宮の外園に着く。その竹垣が、既にその背後に見出され得るであらう一切を如実に物語つてゐる。あらゆる人間的なものが宮廷の典儀や驕奢の影に包み覆はれてゐるやうな、ヨーロッパ的な意味での「宮殿」では全然無い。ヨーロッパ人がその前に立つと、このやうな素朴な垣の背後にはどんな種類の「宮殿」があることかと、心の緊張を覚える」

「室内配置の調和的な落着きは、到底筆紙に盡し難い。——木材、装飾及び襖の極めて控へ目な彩色、彩色の無い處には、壁紙との稀に見る調和のみについて語れば足りよう。先づ室の障子が閉められてある時のその落着いた感じと、そして又障子が押し開けられると、『絵』のやうな庭が家の一部分となつて忽然と、だが圧倒するやうな力で迫つて来るといふ、其の点にある」

「全体がくすんだ杉材で縁取られてゐる天皇御座所の諸形式の簡素は実に驚くべきである。それは三十平方メートルに亙り、これもまた他の何處にも見出されなかつたやうな簡潔直截の極致を具現してゐる」

「御苑のこれらの各部分部分の変化は總べての一の統合体に組成せられてあつた。其處には絶対に装飾的ではなく、精神的な意味に於て機能的な一種の美が達成されてゐた。このやうな美はいはゞ眼を思考の変圧器とするものである。眼は見ながら、思考するのである」

「変化と不易」芭蕉が語るキーワード

〈芭蕉はその弟子達に、彼の詩風を支えている二つの原理は変化と不易であると語っている。日本の詩を常に脅かしていた二つの危険が何であるかを考えるならば一層よく解ることで、その一つは、…(中略)…傑作を研究し、模倣し過ぎることから生じる陳腐と不毛〉

〈彼は古人の後から付いて行くことを望まず、彼等が求めたことを自分も求めているのだとも言っている〉

出典:ドナルド・キーン著『日本の文学』(筑摩書房、一九六三年)

解説

ドナルド・キーンは一九二二年生まれ。日本文学者。前掲書から関連箇所をさらに引用する。

「十七世紀の日本の文学に起こった新しい運動の影響で伝統的なものが一切斥けられ、日本の詩人達が自由に酔った時、その結果は混乱に終る場合が多かった。しかし、芭蕉にとっては、変化と不易の両方が彼の俳句にはなくてはならなくて、彼の最も優れた作品ではこの二つが、ここで述べた意味だけでなしに、幾何学的に言えば、瞬間的なものと恒久的なものの交る点となって表現されているのが見られる。その一例が、芭蕉の俳句の中では或は最も有名かもしれない

古池や蛙飛びこむ水の音

である。

その第一節で、芭蕉はこの詩で不易な要素をなしている時間を超越して動かない池の水を出している。次の一節の蛙が瞬間的なもので、この二つが水の音という一点で交わっている」

「もし、この真理の認識ということが事実、この詩の主題であるならば、我々にはここに禅宗の哲学の影響を見ることが許されて、禅の教えには、経典を熟読したり、戒律を厳守したりすることよりも、むしろ突然の直覚を通して悟りが開けるというようなことも含まれている。禅宗に入ったものは或る一定の姿勢で眼を半ば閉じたまま、一切の基本である虚無について考えながら長時間、坐らせられる。そしてそこにそうして座って体を微かに揺らせ、香の匂いに包まれ、一人の僧侶の読経が単調に続くのを聞

くともなく聞いている時、不意に後から軽い木の棒で叩かれることがあって、もし悟りが開けるものならば、それはその時なのである。しかし、何かそうした不意のことならどんなことでも、同じ結果に立ち至れる」

「禅の真髄の捉えがたさ」に魅了されたドイツ人

〈芸術は禅と同じく、その真髄（真理）を智識や学問によってとらえることはできない〉
〈悟道に達した禅僧の絵画（芸術）は美しいとか醜いとかいうような一般の常識にこだわっていない〉
〈芸術上の真美は自然の花の美とは違う。芸術上の最高の作品には人間の心の奥底深いところから訴えだそうとする情熱や思想の美が溢れている〉

出典：クルト・ブラッシュ著『禅画』（二玄社、一九六二年）

解説

クルト・ブラッシュは一九〇七年生まれ。父は第三高等学校ドイツ語教授で浮世絵の研究家。『禅画』（二玄社、一九六二年）より引用。

白隠は一六八六年生まれの禅僧で、「達磨図」等の禅画が有名。仙厓は一七五〇年生まれ。多くの洒脱・飄逸な禅画を残す。

「白隠の偉大さは、ただ禅や芸術のみに止まらず、意志、理性、知性、学殖等各方面の卓越性にある。それがため、彼の芸術ほど強い迫力のあるものは他の日本の画家の作品には見い出しえない」

「白隠は『五百年不出の大宗匠』と呼ばれ、五百年に一人しか生まれない偉大な禅傑であり、今日の日本臨済宗はほとんど白隠系等で占められている」

白隠の「偉大さは…（中略）…彼の禅の卑俗性、すなわち民衆禅にあるのである。…（中略）…白隠は世界共通語である画に着眼し、画をもって法を説いたのである」

「禅ではよく、『指と月との喩』を持ち出して禅の真理を説明する。指をさしだして、月を示せば、月を見るべきであり、指に囚われている間は月（禅機）そのものは目に入らない」

「禅は事象の描写ではなくて事実の直観である。理論の帰結ではなくして、実相の把握である」

「白隠の数多い画の中でおそらく達磨図が第一を占めていると思われる」

「白隠の『草座達磨』の賛、『よしあしの葉をひっ布いて夕涼み』」

「近世の禅画は東に原（駿河）の白隠と博多の仙崖といわれ」「仙厓の作品は相対的に狂歌的であり、諷刺的でもある。仙厓のすらすらと流れ出でる書（賛）と実によく調和し、どの画にも彼の人間的な気持ちが素直に画面に浮かび上り、抹香的なかおりが少しもない」

「もし白隠を『虎視牛行』と呼べば仙厓は『飄逸洒落』の人であろう」

尾形光琳を絶賛する仏美術評論家

〈光琳、私はこの名を好む。私は彼の調子と律動とを好む。えもいわれぬうねり、線の伸びとかすれ、それが画像をなす。本当の日本狂《ジャポニザン》、狂気の胚を宿したこの日本狂の魂の中に、彼はくらくらするような感覚を呼び起こす〉

〈彼は形態の綜合と意匠の単純化という日本美学の二大根本原理を、ぎりぎりに行き着けるところまで推し進めた画家でもあった〉

出典：一八九一年に仏で発行の雑誌「le Japon Artistique」中、ルイ・ゴンス著「光琳」
（サミュエル・ビング編『藝術の日本』美術公論社、一九八一年）

解説

ルイ・ゴンスは一八四六年生まれ。フランスの美術評論家。前掲書から引用。

「光琳は、装飾の本能・天才をこの上なく豊かに宿している第一級の名匠たちに列せられる。…（中略）…これ以上に独創的で、これ以上に深く、またこう言ってよければこれ以上著しく日本的な手法はない。」

「尾形光琳は日本において美術史上比類なきあの時代、元禄時代（一六八八―一七〇四）という名で知られる、あの時代に属する。光琳は師宣や一蝶とともに、この時代を最も鮮やかに彩り、この時代を最も高く美しく表現した人物だった」

「千年の文化によって肥えた土壌、その偉大なる伝統から咲きひらいたすばらしい花々である。趣味を解する人々の眼には、元禄という有名な年号《ネンゴー》は、以後二度と乗り越えられたことのない達成点をなしている。…（中略）…作品を注意深く分析してみると、そこには、一見統一された様式の下に様々な影響の跡と、いくつかの刻印とが見て取れる。彼の手法は微妙な構成体であり、巧みな結合体なのである。土佐派にはその貴族的洗練の大部分、つまり不透明でしかも照り輝く色彩の趣を負っている。…（中略）…狩野派からは決然として力強く速い筆さばきを身につけた」

「光琳は自らの手法を完全に手中にしてしまうと、何人の追随を許さぬ素描をものした。しなやかでねばり、丸みを帯び、大胆に省略され、不意に調子を変える、そして少々ぎこちないほどの何とも言えぬ無頓着さの影に、深い技《わざ》の確かさを宿している素描。筆づかいは曲折豊かで平穏であり、無限に甘美なたらしこみも試みる」

番外編：日本の「外国文化を取り込む力」の正体

・荻生徂徠（一六六六年―一七二八年）は文明の国、中国から漢字、書籍、学問が伝わり、それを学び消化することによって始めて日本は文化的に開けてきた、と観る。思想としての儒学の日本における受容と展開の出発点として藤原惺窩（一五六一―一六一九）を位置づけた。

・その後、様々な解釈に変更。

出典　小島康敬著「江戸期日本の中国認識」（北岡伸一編『「日中歴史共同研究」報告書』勉誠出版、二〇一四年）

小島康敬氏は国際基督教大学アジア文化研究所所長等を歴任。

古代、中国の聖人の教えでは中国と日本の関係は「華」と「夷」の関係にある。小島康敬氏は、江戸時代、これを日本側がどう位置付けたかを整理する。江戸初期においては「荻生徂徠（一六六六年—一七二八年）は『文明の国、中国から漢字、書籍、学問が伝わり、それを浄化することによって始めて日本は文化的に開けてきた』と観る」と指摘し、「思想としての儒学の日本における受容と展開の出発点を藤原惺窩《せいか》（一五六一年—一六一九年）と位置づけた」と補足する。そして、「惺窩は一五九三年に明国からの講和使、謝用梓と会見しているが、その時の質疑草稿には〝大明ハ昔日聖賢ノ出ズル国ナリ。余ヲ以て之ヲ想像スルニ、文武兼ネ備ヘ知勇双ビ全シ〟と〝聖賢〟ヲ輩出した〝大明〟ヘノ賛辞が綴られている」と説明する。

その後、「華」と「夷」の関係に様々な解釈が現れ、小島康敬氏はこれを類型化している。

①華夷を限定的実体概念として捉える、佐藤直方等
②華夷思想の枠組みの中で「東夷」日本の優秀さを主張する、熊沢蕃山等、
③自国を「中国」とする（自分の生まれた国を主。他国を客）、浅見絅斎等
④華夷を変動的概念として捉える。国の尊卑は道徳性如何。雨守芳州等
⑤華夷の弁を無用とする、伊東仁斉等

次いで、小島康敬氏は「国学者の中国認識大きく変わり、賀茂眞淵は『皇御国』の『唐国』に対する優位を主張し、本居宣長は『吾が神州』は君も民も『自然の神道』を奉じ、これによって身を修めずして修まり、天下は治めずして治まっていたとしている」と説明している。

番外編：「HAIKU」の紹介者が選ぶ「俳句」

〈霧時雨富士を見ぬ日ぞおもしろき　芭蕉〉
〈うき我を寂しがらせよかんこ鳥　芭蕉〉
〈此の道や行く人なしに秋の暮　芭蕉〉
〈笠もなき我を時雨るるかこは何と　芭蕉〉
〈古池や蛙飛び込む水の音　芭蕉〉
〈猫の恋やむ時ねやの朧月　芭蕉〉
〈鶯や竹の子藪に老を鳴く　芭蕉〉
〈冬籠り又寄添はんこの柱　芭蕉〉
〈年くれぬ笠着て草鞋はきながら　芭蕉〉
〈初時雨猿も小蓑をほしげなり　芭蕉〉
〈野分して盥に雨を聞く夜かな　芭蕉〉
〈初時雨猿も小蓑をほしげなり　芭蕉〉
〈荒海や佐渡によこたふ天の川　芭蕉〉

〈君や蝶我や荘子の夢ごころ　芭蕉〉
〈武蔵野やさわるものなき君が笠　芭蕉〉
〈苦の娑婆や桜が咲けばさいたとて　一茶〉
〈月花や四十九年のむだあるき　一茶〉
〈ともかくもあなたまかせの年の暮　一茶〉
〈寝て起て大欠して猫の恋　一茶〉
〈柴の戸や錠の代りにかたつむり　一茶〉
〈蝸牛そろそろ登れ富士の山　一茶〉
〈只たのめ花もはらはらあの通り　一茶〉
〈蝿打に花咲く草も打たれけり　一茶〉
〈蝶消えて魂我に返りけり　和風〉
〈聲ばかり落ちて跡なき雲雀かな　鞍風〉
〈むっとしてもどれば庭の柳かな　寥太〉
〈五六本よりてしだるる柳かな　去来〉
〈乞食かな天地を着たる夏衣　其角〉
〈西吹かばひがしにたまる落葉哉　蕪村〉
〈遅き日のつもりて遠き昔かな　蕪村〉
〈さびしさのうれしくもあり秋の暮　蕪村〉

〈涼しさや鐘をはなるるかねの音　蕪村〉
〈出がはりや傘提げて夕ながめ　許六〉
〈やっときた元旦も只ひと日哉　ひろう〉
〈白菊にしばしたゆたふはさみかな　蕪村〉
〈村々の寝こころ更けぬ落し水　蕪村〉
〈鶯や竹の子藪に老を鳴く　芭蕉〉

出典：レジナルド・ブライス著『HAIKU』（英文、鎌倉出版、一九四九年）

第八章　倒幕と明治政府樹立

ライシャワーは幕末から明治にかけての時代について、『ザ・ジャパニーズ』（文藝春秋、一九七九年）の中で、次の言及を行っている。

「徳川の幕藩体制は、少なからぬ問題と緊張とを抱えていた。にもかかわらず、十九世紀前半までは、崩壊の予兆はなに一つ見られなかった。もし、日本が孤立をつづけることができさえすれば、さらに長期にわたって存続しえたかもしれなかったのである。

しかし、欧米における技術の長足の進歩が、それを不可能にした。……（中略）……その圧力たるや十七世紀初頭の南蛮人とは比較にならぬほど強大なものであった」

幕府は開国に追い込まれるが、「火急な開国は国内の市場や金融にマイナスの効果をもたらし、政治面での反響はさらに大問題であった」という状況を招き、「一八五三年以降（ペリーの来訪）の経緯は、徳川体制を根底から揺り動かし、時古りた機構は徐々に萎えしぼんでいった」という事態を招き、「やがて江戸は『官軍』の手に落ち、二百五十年余にわたった徳川家による支配は、ここに終幕する」こととなる。

新政府については、ライシャワーは厳しいスタートであるとして「新政府が引きついだのは、無残にまでにバラバラになり、破産同然の将軍直轄領、それに永年にわたり、自治的な封建領主により分割統治を受けてきた国土と、どう考えても前工業化段階にしかない稚《おさな》い経済、それ以外何ものでもなかった。これが彼らが継承した遺言のすべてだったのである」としている。

武士はなぜ「没落」したのか

〈（大都市人口が増えるにつれ）商売の方法に次第に避くべからざる変化を生じたことである。都市生活と長距離輸送とは単なる物々交換或は実物での支払いと両立しない。……（中略）……米に代わって紙幣が間もなく使用されるに至ったのである。……（中略）……これによって緩慢ではあるが抵抗し難い革命が起り、その究極において封建政治が瓦解し、二百年以上の孤立の後、外国貿易が再開したということである。門戸を開いたのは外からの喚起ではなく、内からの爆発であった〉

出典：ジョージ・サンソム著『日本文化史（下）』（創元社、一九五二年）

解説

ジョージ・サンソムは英国の歴史家。前掲書の引用。

「徳川将軍がその軍事的組織を平和時代に永続させようとした時、かなり重大な経済的問題に当面していたことが明瞭であると思う。非常に多数の特権階級（武士）の生活を確保する必要があったが、この階級は非生産的であるばかりでなく、なおその上にその威厳を保つだけの衣食住を与え、又、武備を提供せねばならぬものだった。鎖国令によって外国からの供給源を断つことを選んだ以上、国内の生産のみによって需要に応じねばならなかった。しかも平和の恢復は人口の増加を招来したばかりではなく、生活標準の向上をもたらしたから、需要は段々増加するばかりであった。だから供給と分配との二つの困難にぶつかったわけである」

「一七世紀も大分進む頃までは、情況の危険もまだ脅威を感ずる程にはならなかった。成功した大名とその家来とは戦後の落着きを得て、その土地と特権とを享受した」

「大体から言えば、農民が武士階級から重い圧迫を受けていたのは真実であり、その武家階級は又間もなく今度は自分達の番で、新興の町人階級の食い物になったのも事実である。そこで大名やさむらいがその重荷を今迄さえ重かった農民の肩に背負わせようとした時、農業経済は崩潰して商業経済がこれに代わったのである」

「大名とその家来とは、職人が生産し商人が売った贅沢品に金を費した。その結果一七〇〇年頃には金銀の殆ど全部が町人に手に移ったと言われる…（中略）…一七〇〇年頃には大名だけの借金が国中の金の総額の百倍に上ったという」

オランダ国王の「開国勧告」

〈武威世に輝けるイギリスは、素より国力豊饒にして、皆巧智なりといえども、国用の乏きは特に甚し。故に商賈の正路に拠らずして速に利潤を得んと欲し、或は外国と争端を起し、時勢已むべからざるを以て、本国より力を尽し其争端を助くるに至る〉〈貴国も亦此の如き災害に罹り給はんとす〉

出典：『阿蘭陀国王書簡之和解』

解説

オランダ国王ウィレム2世は、一八四四年、阿片戦争（一八四〇年―四二年）を踏まえ、鎖国政策を緩めることを提言する書簡を送付してきた。しかし幕府は新たな策を特別には講じていない。

「今ここに観望し難き一大事起れり。素より両国の交易に拘るにあらず、貴国の政治に関係する事を以て、未然の患を憂日、始めて殿下に書を奉ず。伏て望む、此の忠告に因りて其未然の患を免れ給はん事を」

「近年イギリス国王より支那国帝に対し、兵を出して、烈く戦争せし本末は，我国の舶、毎年長崎に至りて呈する風説書にて既に知り給うべし。威武盛りなる支那国帝も久しく戦ひて利あらず、ヨーロッパの兵学に長ぜるに辟易し、ついに、イギリス国と和親を約せり。是して支那国古来の政法甚だ錯乱し、海口五処を開ひてヨーロッパ人交易の地となさむ」
「今より日本海に異国船の漂ひ浮ぶ事、古よりも多くなり行きて、是が為に其船兵と貴国の民忽ち争端を開き、終には兵乱を起すに至らん。これを熟察して深く心を痛ましむ」
「独り国を鎖して万国と相親まざるは人の好みとする所にあらず。貴国歴代の法に異国人と交を結ぶ事を厳禁し給ひしはヨーロッパにて遍く知る所なり。老子曰、賢者位に在れば特によく治平を保護す。故に古法を堅く遵尊して反て乱を醸さんとせば、其禁を弛むるは賢者の常経のみ。これ殿下に丁寧に忠告する所なり。今、貴国の幸福なる地をして兵乱の為に荒廃せざらしめんと欲せば、異国人を厳禁する法を弛め給ふべし。これ素より誠意に出る所にして、我国の利を謀るには非ず」

開国を迫るペリー提督の「作戦」

〈ペリー提督は…（中略）…当面の目的を達する可能性について特に研究した。彼は、全国民をわざと完全な隔離状態におくというような奇妙な状態には必ず何か原因があるにちがいないと思った。…（中略）…知識に精通した結果、日本の排他主義はなにも特別な民族的特性の産物ではなく、…（中略）…それは事実の歴史から見ると日本人の生来の国民性とは全く相反したものであることがわかった〉

出典：合衆国海軍省編『ペリー提督日本遠征記』（法政大学出版、一九五三年）

原著はペリー本人の監修による合衆国海軍省編『アメリカ艦隊支那並に日本探検物語』。オーバ・アキコ抄訳『ペリー提督日本遠征記』から関連箇所をさらに引用する。

「対メキシコ戦争の幕を閉じた条約で、カリフォルニア州は合衆国に属することになった。その太平洋沿岸の位置は通商の舞台を拡張したいという思いをそそのかさないではいなかった。…（中略）…わが国の西岸からアジアと直接取引しようという考えは次第に普及してきた。それには蒸気の力を借りること、また蒸気を作るための燃料のことも考えにいれなければならない。そこで、あの偉大な文明の媒介物、石炭に対する要求が起こってきた」

「その国（日本）は価値ある産物が豊富であり、世界の他の国々とも交際すべきであることもしってい る。事実中には日本はそんな風に国際場裡から絶縁している権利はない。日本が国際社会に許そうとしないものは、武力で奪うべきだと強硬論をとなえるものもある位だ」

「列国の自分たちをしめだしている障壁を破ろうとくり返した努力の跡を研究した結果、隠れた原因が何であるかを発見した。第一に許可を要求する国の当時の政治の特殊な状態、第二に各国相互に妨害しようとしていること、第三に使節を委任された者の中に、勇敢な国民を脅して自分の思いどおりにし、ただ従わせようとする横柄な態度、あるいは不見識第四に、親切と正義をもってあたり屈辱、不正に対しては少しも容しゃしない男性的な融和の精神と、ただの卑屈なお追従とを日本人はすぐ見破る国民であるのに、そういう国民性に対する誤解などすべてがこれまでの各国の努力が失敗に終わった原因として、多少なりともあとをたどることが出来るように思えた」

「日本は強力な国になる」初代米総領事ハリスの予言

〈私は、スチーム（蒸気）の利用によって世界の情勢が一変したことを語った。日本は鎖国政策を放棄せねばならなくなるだろう。日本の国民に、その器用さと勤勉さを行使することを許しさえするならば、日本は遠からずして、偉大な、強力な国家となるであろう〉

出典：ハリス著『日本滞在記（下）』（岩波書店、一九五四年）

解説

ハリスは一八〇四年生まれ。一八五六年来日。初代米国総領事。日本側と交渉し日米修好通商条約を締結。著書『日本滞在記（下）』より引用。

【一八五七年一二月一二日ハリスの外国事務相〈堀田備中守〉への発言ぶり】

「貿易に対する適当な課税は、間もなく日本に大きな収益をもたらし、それによって立派な海軍を維持することができるようになろうし、自由な貿易の活動によって日本の資源を開発するならば、莫大な交換価値を示すに至るだろう」

「諸外国は競って強力な艦隊を日本に派遣し、開国を要求するだろう。日本は屈服するか、然らざれば、戦争の惨苦をなめなければならない。戦争が起きないにしても、日本は絶えず外国の大艦隊の来航に脅かされるに違いない」

「何らかの譲歩をしようとするならば、それは適当な時期にする必要がある。艦隊の要求するような条件は、私のような地位の者が要求するものよりも、決して穏和なものではない」

「シナの場合、すなわち一八三九年から一八四一年に至る（阿片）戦争と、その戦争につづいていた諸事件、及び現在の戦争とを例にとって説明した。私は外国事務相に、一隻の軍艦をも伴わずして、殊更に単身江戸へ乗り込んできた私と談判をすることは、日本の名誉を救うものであること、問題となる点は、いずれも慎重に討議されるべきこと、日本は漸を追うて、開国を行うべきことを説いた」

「私は、外国が阿片の押売をする危険があることを強く指摘した。そして私は、日本に阿片を持ち込むことを禁ずるようにしたいと述べた」

「開国」は正しい選択だったのか

〈すべてが終わったとき、文明化の作用がかれらをこれまでより賢明な、より善良な、より幸福な国民たらしめるかどうかは〈問題〉〉

〈西洋のもたらすいっさいの改革と改宗を忌まわしいものとして排斥する傾向のある妨害的な信念は、日本人の心の中であまりにも強いが故に、激しい頑強な抵抗がないことは望めない。そしてこのために、必然的にそれに相応したはげしい攻撃が行なわ

れるであろう〉

出典：ラザフォード・オールコック著『大君の都―幕末日本滞在記（下）』（岩波書店、一九六二年）

解説

ラザフォード・オールコックは一八〇九年生まれ。一八五九年来日、六四年まで公使。前掲書より関連箇所をさらに引用する。興味深いのは、彼自身も鎖国の継続の方が日本にとって利益であるとみている点である。

「（ケンプファーは）日本史に関する精緻な著書の最後の章に、次のような意味深い表題をつけている。『日本帝国を現在のように鎖国しておいて、その住民に国内でも国外でも外国と接触させないことが日本の利益になるか否か、ということについての研究』と…（中略）…。

条約を締結した諸国によって、この問題はすでにはっきりと決着を見ている…（中略）…。日本をふたたび鎖国にすることは絶対にできないことだからである。通商によって、相競っている諸国と相争う利害関係によって、門のちょうつがいがはずされたのである。いまとなっては舞台から退場するわけにはゆかぬほど深入りした西洋諸国が多いし、それにこれらの国のどれ一つをとってみても、日本人がどうやってみたところで力ずくでは到底追い出せないほど強力だ」

「この日本という中世的・封建的制度の要塞ですら、刻々とせまってくるヨーロッパの侵攻と文明の潮の前に、姿を消さねばならぬ時が近づいているように思われる…（中略）…。不幸な位置にある日本は、諸国の大街道の上にあり、ロシアの垂涎おくあたわざる存在だ」

「封建性によって、日本人はわれわれの考えている意味では自由でないにしても、多くのしあわせを享受することが出来た。西洋諸国の誇るいっさいの自由と文明をもってしても、同じくらい長年月にわたってこのしあわせを確保することはできなかったのである」

アーネスト・サトウが訴えた「倒幕の必要性」

〈今我レ大君ハ日本ノ君主ト言シ偽ヲ知レリ。其故ハ外ニモ彼ト権勢ノ同キ者数多アルヲ以テ也。然ハ唯今ノ條約ニ新ニ諸侯ト條約改革セン。左ラハ只諸侯共喜フ而巳ナラス又交易ノ利潤ヲ得ルニ由テ大君ノ譜代諸侯ニ至ル迄困窮セシ苦ヲ免レルヘシ。今此ニ改革ニ及フトモ強チニ日本ノ君主タルヨフニ偽リシ大君ヲ廃スルト言共、国家ノ転覆ニハ至ラサルナリ〉

出典：アーネスト・サトウ著『英国策論』（国会図書館蔵）

解説

英国大使館員アーネスト・サトウは一八六六年、幕府批判の論評をジャパン・タイムスに寄稿。『英国策論』という標題をつけられたその翻訳が、討幕派の重要人物に広く読まれ、倒幕運動の理論的根拠の一つとなる。外国人の日本論が日本政治を動かした稀有な例である。

「大君（将軍）は、日本一統の君主たる様に最初条約の節に云しなれども、彼れは只諸侯の長にて、僅に日本半国ほどのみ領るかなるに、自ら日本国主と唱へし、是れ名分不正にして僭偽なり」「数多の国群を領したる独立の諸侯共、開港を好まざるに非れども、彼等に一切評議せず。彼共今其條約を承諾せざるは怪しむに足らざるなり。是に由て諸侯は大君（将軍）及外国人へ対し自然に何か仇せんと思ふに至るに、諸侯の家来は一切此地に入れざる也」「只今迄仇敵の如くなりし大名共、漸々外国の交易を好み、且自分領内の港を開（き）たきと思ふこと明に見ゆるなり。然らば彼等の港を開とも、二十家に近き独立諸侯の領内に盡くに及ばず。只一二の最交易に便なる場所を見立、開かば足れり。

然し日本諸侯一致せずして、只独り大君とのみ条約を維持せんと欲する共決して能はざるなり。今諸侯共は大君の令を遵奉せず、又交易利潤をも得（ず）、只条約は大君と結し其条約を妨たること決して相成ずと云て、手を束て傍観しいるように見えたり。願くは我等赤心を以て改革を評議せん。其故は、我々条約を只一箇の諸侯（将軍）と結ぶことを好まず、日本全国の便宜を謀り度ものなり」（現代かな、句読点著者）

幕末を舞台に演じられた「英仏の争い」

〈パークス（英公使）とロッシュ（仏公使）は互いに反目し、嫉妬心に駆られた二人の女の様な間柄。いきな姿のアルジェリア騎兵将校（ロッシュ）は負け馬（幕府）の方に賭けた。一方パークスの側近には、アーネスト・サトウという傑出した才能持つ部下。長崎在住の商人グラバーは、功績が正当に評価されていないが大いなる協力者だった〉

出典：ヒュー・コータッツィ編『ある英国外交官の明治維新――ミットフォードの回想』（中央公論社、一九八六年）

解説

ミットフォードは一八三七年生まれ。一八六六年訪日。彼の著作がヒュー・コータッツィ編『ある英国外交官の明治維新――ミットフォードの回想』に収録されている。

「一八六六年一〇月の上海から横浜までの航海は、まさに私が今後三、四年を過ごすことになる激動の時代の前ぶれであった。一〇月のはじめに汽船が上海を出港すると、気圧計はぐんぐん下がりだし、広い海洋に出た時には、台風が猛烈に吹き荒れていた…（中略）…。

私が日本に到着した頃、この国は政治的に熱病にかかったように興奮状態にあった。全ての社会的均衡をくつがえしてしまう大動乱の起こる直前であった。

その大動乱において、西洋列強の影響力は一つの要因であった。一八六六年になると、その影響力は二人の男、つまりハリー・パークスとフランス公使ロッシュとの主導権争いとなって現れた。他の条約国の公使達は、名ばかりの人物だった」

「パークスにはサトウが提案する政策の優れた点や、助言に含まれる価値を見抜く能力があった。そして、一度それらを見てとると、断固として実行に移す決断力があり、日本西南の大名側に全面的な精神的援助を与えたのであるが、一方ロッシュの方は、だんだん勢力が消滅していく将軍を支援することに固執して、むなしい努力を重ねていたのである」

「王国とか政治体制は着古した衣類のようにほころびていくものである。そして徳川将軍の葵巴の陣羽織にほころびの兆しが見え始めた時、米国の軍艦四隻を従えたペリーがやってきて、その金糸銀糸を織り交ぜた絹の陣羽織に致命的な裂け目を広げるきっかけとなった」

坂本竜馬が「英雄」になった理由

〈坂本が国民的な英雄となっていく過程は、近代日本の国家主義の発展を照らしだす好個の一例である。国の進路を切り開いた指導者たちが、そのめざした目標に民衆の理解を得られるようになるまでには、国家建設の難事業に時日をかけて成功することが必要。…（中略）…坂本には栄光をになうべき理想的な条件がそなわっていた。波瀾重畳のその生涯、陽気で自信に満ちた挙措や手紙などは、国民が心中に求めていた維新の志士の映像とまさにぴったりだった〉

出典：マリアス・ジャンセン著『坂本龍馬と明治維新』（時事通信社、一九六五年）

解説

マリアス・ジャンセンは一九二二年生まれ。プリンストン大学教授。歴史家。アジア研究協会会長。第二次世界大戦中、日本語の訓練を受け、戦後日本に進駐。前掲書からの引用。

「（坂本の）鋭い機智、実行力、地位や権威への無関心、金銭問題での鷹揚さ、危険にのぞんで動ぜぬ沈着さなどを物語る数々の逸話は、智勇兼備の英雄たる役柄に似つかわしかった」

「坂本が明治政府にも、またその反対の側にも加わることのなかった事情が、彼をどちらの側からも一致して賞讃される英雄としたのであった」

「坂本の伝記で最初に出たのは、一八八三年出版の『日本無双の英雄、坂本竜馬伝』である。この本は史実半分、つくりごと半分といったもので、内容はすべて後学の検討が必要だが、民衆的な坂本観の形式という点では、第一歩を踏み出したものであった。一八八〇年代の末にかけて、日本人の国民的な感情と自負心が高まるにつれて、坂本の名声もおかげでさらにあがった。一八九一年、彼は中岡と共に、死後叙勲の栄を受け、正四位に徐せられた。それ以降、維新を扱った小説稗史の類に、坂本は一頭地を抜く人物として立ち現れることになった。生き残った維新指導者らの回想記も、彼に惜しみない讃辞を捧げた。彼はまず何よりもまず土佐の英雄であり、桂浜の海岸に浦戸湾を見渡して立つその銅像は、海運の先駆者であり国の指導者であった彼の役割を象徴している。

かつて三條が、坂本は神となって国を守るだろうと言ったその言葉に、のちになって意味を与えたのは明治天皇の妃であった」

「廃藩置県」が行われた理由

・最も重要で特筆すべきは、大名が所有していた領地を天皇の掌中に移管したことだ〈卓越した人物、土佐の容堂公にそれを予見した栄誉を与えるべきだが、彼の意見は、…（中略）…帝国の統一は必然的に国家の財政収入制度の創設を包含するものであり、それはすなわち各藩ごとの規制の廃止につながるものだという見解であった〉

出典：ミットフォード著『英国外交官の見た幕末維新』（新人物往来社、一九八五年）

解説

ミットフォードは一八三七年生まれ。英国公使館の二等書記官として一八六六年来日し、一八七〇年離日。幕末、明治維新の激動期に活躍。前掲書から関連箇所をさらに引用する。

「これから我々が迎えようとしていた時代は、特に興味深い時代であり、また、歴史的にみて重要な時代であった。それは古い日本と新しい日本を結ぶ過渡期であって、封建主義の声は、いまだ衰えず――一九一五年の現在でも、その声が全く静まったといえるだろうか――多くの計画が競い合う中で、あるものは死んで生まれ、あるものは早くも死ぬ運命にあり、また、あるものは最初は未熟であっても、立派な計画に成長する運命にあった」

「英国の下院が議会制度の生みの親であるというのが通説である。江戸に設けられた公議所（明治初期の立法府）は、その一番年下の子供であった。世間の赤ん坊と同様、その最初の足どりはよちよちと危なげであった。駆ける前にまず歩くことから習わねばならない。公議所の最初の議論には弁説の力が大して感じられず、今後、発展する見込みすら見えなかった。しかし、議論の主題は興味深いもので、発言者の意見は、日本の特質を学ぼうとする者にとって、非常に示唆に富んだものである。

アストン氏が翻訳した二つの討論は非常に興味深いものである。その一つは、切腹、昔風にいえば腹切りを禁止しようとする提案であり、もう一つは、武士が帯刀するしないを本人の自由とするとの提案であった。容易に想像されるようにこれらの提案にはほとんど賛成者がいなかった」

明治維新の資金を出した「スポンサー」の正体

〈これら下層武士および浪人はその鋭い剣の力や断固とした決意だけでは幕府を転覆しえなかった。武士の政治的・軍事的活躍ほどに劇的ではないが、幕府の転覆と新政権の安定を達成する上にそれよりも深甚な影響を及ぼしたものは、大町人—日本の富の七〇パーセントが集中していたといわれる大阪商人の経済的支援であった〉〈破産した幕府の世帯を相続した新政府は、三井、鴻池、岩崎、小野、島田の様な大商人からの献金と御用金なしにはその破産財政を脱却し、大がかりな再建事業を開始することができなかった〉

出典：ハーバート・ノーマン著『日本における近代国家の成立』（岩波書店、一九五三年）

解説

前出のハーバート・ノーマンは一九〇九年生まれ。カナダの外交官。『日本における近代国家の成立』から関連箇所をさらに引用する。

「幕府の転覆は、薩摩・長州・土佐肥前の下級武士および浪人と少数の公卿を指導者とし、京・大阪の豪商の財力を後楯とする反徳川諸勢力の団結によって達成された」

「官僚政治家たちは、ただに苦しい遺繰算段をせねばならなかったばかりでなく、外国の脅威につきまとわれながら活動せねばならなかった。十九世紀の半ば以来外国の脅威は、軍事的侵略の形でも、また明治初年には開港都市に極めて深い根をおろした外国資本というはるかに不吉な形でも、日本の上に気味悪い影をなげかけていた」

「徳川社会の歴史的遺産は、民主的・人民革命的過程による下からの社会的変革を許さず、かえって専制的に上からの変革をおこなわしめた。…（中略）…この建設事業の負担は、政府の歳入に関するかぎり、農村社会の肩にかかり、さらに農民の犠牲において資本の蓄積と集中が行われた。それゆえに、政府は全国各地を風靡しつつあった反封建主義的覚醒のテンポを抑制するほかはなかった」

「日本のように、極めて唐突に、しかもおくれて封建的孤立から立ち上がった国が民主的方法を実行しようとすれば、おそらく社会的大動乱はまぬかれなかったであろうが、こうした危険なしに近代化の大事業を成就しえたのは、ひとえに絶対主義国家の力によるものであった」

「本庄榮治郎教授によれば、鳥羽・伏見、江戸、会津の維新戦争における決定的な諸戦闘は町人の提供した資金によって戦われ、勝利を収めた。三井家の公の記録は次のように述べている。『官軍の軍事行動に必要な御用金は大部分三井家が提供したものである』」

明治政府が「徴兵令」を急いだワケ

〈見逃してならない事実は、近代日本の徴兵制度の型を規定した一八七二―七三年の最初の徴兵令と一八八三年の改正令とはともに、憲法も何らかの代議制度も確立しない前に布告されていることである〉
〈日本の新しい産業家達は、気ぜわしげにその若い産業と銀行の市場や投資の場を探し始め、軍国主義者らは市場と植民地を求めて自ら進んでアジア大陸に押し渡っていった〉

出典：ハーバート・ノーマン著『日本の兵士と農民』（岩波書店、一九五八年）

解説

前出のノーマンは一九〇九年生まれ。カナダの外交官。ソ連のスパイ容疑をかけられ、駐エジプト大使時代に自殺をしたことで、日本でも関心が高い。前掲書から関連箇所をさらに引用する。
「徴兵令は多年にわたる封建制度にすぐ引き続いて出来たものだけに、影響が非常に大きく、ほとんど革命的と言っていいほどの法律であった。封建制度の時代には、武器をたずさえる支配階級が厳重に規定され、制限されていたのに対して、農民を主とする、武器をもたない被圧迫階級は、いやしい階級であるとか、武器を持たせるほどに信頼できないとか考えられていた。実際の所、普通徴兵制を敷くことは、あまりにも革命的な考え方であったから、それを最も頑強に提唱した大村益次郎は一八六九年、兵部大輔の時、憤激した同藩の反動武士に暗殺された」

「侵略的行動において、一般日本人は、自身徴兵軍隊に召集された不自由な主体《エイジェント》でありながら、みずから意識せずして、他の諸国民に奴隷の足かせを打ちつける代行人《エイジェント》となった。…（中略）…最も残忍で無恥な奴隷は他人の自由の最も無慈悲かつ有力な強奪者となる」

「徴兵制度の主な建設者、山縣有朋を動かしていた暗黒な反動の精神はその『軍人訓誡』にみることができる。…（中略）…そのなかで山縣は軍人が民主的、自由主義的傾向の政治結社に参加することを禁じ、『（中略）…民権ナド唱へ、本文ナラザルコトヲ以テ自ラ任』ずることを厳重に戒めている。このことは今日まで日本軍隊の支配的な精神となってきた」

「明治政府の指導者達がひとたび日本の社会と経済の民主化への道をとざし、国内の反動と国外の侵略に通ずる道にきっぱりと顔を向けてからは、日本の国民の生活のあらゆる面をますます軍国化していく傾向が、取り返しのつかないまでに、決定されてしまった」

明治維新の「真の立役者」

〈お雇い外国人は新日本の創造者である。日本政府は一大改革を思いめぐらし、その必要性を認め、その資金を調達し、人びとを雇い入れ、その労働を利用した。…（中略）…賢明な患者が、最高の医者を呼び、出来るだけの手段をつくして医者を手伝うのに似ている。お雇い外国人は、いわばその医者であり、我々すべてが知っているようなすばらしい治療を行った功績は、その医者に帰さなければならならぬ〉

出典：バジル・チェンバレン著『日本事物誌（一）』（平凡社、一九六九年）

解説

バジル・チェンバレンは一八五〇年生まれ。英国人。一八七三年日本に来る。教職に就く。一八八六年東大教授。『日本事物誌』は一九三五年に彼が死去する数カ月前に書き終えられた。前掲書から関連箇所をさらに引用する。

「ヨーロッパの影響は、遠く一五四二年に遡る。しかし、圧倒的な勢力になったのは、この国が開国した一八五四年正しく言えば、六〇年代になって初めてであった。その時から、この国に新しい人物が登場した――お雇い外国人である。

一団の英国人が海軍建設に着手し、帆船式の習慣方法を近代的な軍艦の方式に変えたのである。また或る者（キンドル）は造幣局の建設を引き受け、それまで東洋に共通していた貨幣の混乱を整備して、世界いずれの国にも劣らない統一通貨の道を開いた。全教育制度の改革という偉業を成し遂げたのは、主として少数の米国人だった。

フランス人が日本の法律の法典編集に着手し、その後ドイツ人が続けて完成した。ドイツ人（ベルツ博士）は永年にわたり、この国の高等教育を指導した。陸軍が最近、その完成した組織をもって、世界を驚かせたことも考える必要がある。この組織は、最初はフランス人が訓練し、次にドイツ人将校たちがその目的のために雇われ、長い間職務に当たった。

郵便、電信、鉄道、三角法による測量、改良された採鉱法、刑務所改革、衛生改革、紡績工場、製紙工場、化学実験所、水道、港湾事業——すべてが、日本政府に雇われた外国人たちの創造によるものである」

明治政府の統治は「徳川時代の延長」

〈新しい倫理の広がりが大きな役割を果たした。この新しい倫理、――その中心部分は、すでに徳川時代に存在していた――は、…（中略）…忠誠の観念をいっそう強調し、儒教的用語で再構築したもので、さらにそこに愛国心や法の遵守といった近代的市民道徳等を付加したものであった。…（中略）…新しい指導者層の「サムライ化」を強力に推進することが、時代の流れとなったのである〉

出典：アイゼンシュタット著『日本比較文明論的考察』（岩波書店、二〇〇四年）

解説

アイゼンシュタットは一九二三年ワルシャワ生まれ。ヘブライ大学教授。ハーバード大学、スタンフォード大学等で客員教授をつとめた。『日本比較文明論的考察』から関連箇所をさらに引用する。

「明治国家の最大の特徴は、驚くべき速度で、高度な政治的・行政的中央集権が達成されたことである。行政の『中央集権化は、いくつかの段階を経ながら、次の三つの特徴を備えていった。（一）統合の中心的権威としての天皇の名における支配、（二）統合的な中央官僚制による直接支配、…（中略）…（三）国民皆兵制、士族の廃止、統一的権利の制定における国民の平等。…（中略）…江戸時代の半自律的な地方権力や法的伝統は、全国共通の法制度に取って代わられた」

「騒乱が多数起こったのもこの時代の特徴である。徳川に忠誠を尽くす農民、地方の仏僧、職を失った武士達、あるいは民権運動といった、より近代的な民衆運動による騒乱である」

「明治初期の諸政策にはいくつかの特徴がみられる。第一に徳川社会の垂直的な身分制度に帰属する社会的規制がほぼ全面的に取り払われ、経済的にも社会的にも大規模な社会移動が促進された。…（中略）…第二に、中央の強力な指導が働いて、自律的な社会勢力を――地域、職業、宗教、階級のいずれのものであれ――直接おさえ込まないまでも、それらが大きくならないよう、そのエネルギーを一定の方向にそらす施策がとられた。もう少し一般的にいうなら、自律的市民社会の生成を妨げようとしたのである」

「教育システムと軍隊は、国民意識と進歩を強調する政府の価値体系やイデオロギーを国民の間に浸透させる回路として有効に作用した」

天皇制「万世一系」の正体

〈（明治憲法は）天皇に絶対の権力を与えているが、不思議なことに天皇はそれを行使する事をこれまでほとんど許されていない。

日本人は世界史上最長で途切れたことのない君主をよく自慢するが、その天皇がまずほとんど統治したことがないことは言いたがらない〉

〈（徳川幕府後も）この昔からの慣行は変わらなかった。変わったのは軍事的独裁者の一群が別の一群になっただけで、それまでの独裁者たちよりも天皇を後ろ盾にしたもっといい立場で国が統治できた〉

出典：ジョセフ・ニューマン著『グッバイ・ジャパン』

（原著は一九四二年刊。伊藤三郎著『グッバイ・ジャパン――50年目の真実』〈朝日新聞社、一九九三年〉に再録）

解説

ニューマンは一九一三年生まれ一九三七年に来日。米国紙の記者。渋沢家の招待で来日。一九四一年ゾルゲ・グループから情報を得て、ドイツのソ連侵攻を事前に米国に報道。帰国後一九四二年『グッバイ・ジャパン』を出版。その引用。

「軍国主義者は天皇を軍の直接の司令官とすることでわが身を守った。従って、日本の陸軍も海軍も政府あるいは国民に対しては責任を負わない。彼等は天皇にのみ忠誠を誓っている。ということは、軍部は自分達以外には誰に対しても責任を負わない。天皇は毎年、警護がものものしい皇居から東京郊外の練兵場に出かけて軍人達の訓練を見たり、時には横須賀あるいは横浜に軍艦に乗り出す際に、最高司令官の制服を着るがそれ以上のことはほとんど何もすることがゆるされない。出かけて行っても、陸軍や海軍が兵士や軍艦に関してやっていることについて、天皇があれこれ言うわけではない」

「(明治維新の)歴史のドラマには二、三の特徴がある。第一は主人公が商人と軍国主義者だったことである。戦争に勝つのに必要な資金、物資、鉄砲、軍艦はこれら二つのグループが連合して提供した。この連合によるその後の企てに天皇の賛意が得られるよう、天皇が利用された。軍国主義者と財閥との三位一体では、天皇自体はずっと神聖な幻である。なぜ幻かと言えば、大政が天皇に『奉還された』時、天皇に元来備わっていた権力が、天皇が新居に落ち着く間もなく消滅したからである」

小泉八雲が看破した「同調圧力」の正体

〈日本の教育は、見かけは西洋風でありながら、…（中略）…外見とは全く反対の方式に基づいて行われているのである。その目的は、個人を独立独歩の行動をできるように鍛えるのではなく、個人を共同的行為にむくように――つまり、厳しい社会機構の中に個人が妥当な位置を占めるのに適するように――訓練を施すことであった〉

・強要抑圧は、（幼児期でなく）後になってから始められ、段々締めつけが強まる。

出典：ラフカディオ・ハーン著『神国日本』（平凡社、一九七六年。原著は一九〇四年英国で出版。日本では第一書房、一九三二年）

解説

ラフカディオ・ハーン（小泉八雲）は一八九〇年に来日。一九〇四年死去。前掲書から関連箇所をさらに引用する。

「クラス生活の調整は、多数に対し一人が独裁力を振るうという事ではない。多数がひとりを支配していくというのが常道であり、――その支配力たるや実に強烈なものである――意識的にしろ、無意識的にしろ、クラス感情を害した生徒はたちまちのけものにされてしまう。」

「大きな官立の学校では、クラスの規律は、いよいよ厳格になっていく…（中略）…。だれもがだれかを見守っている。ひとなみでないこと、風変りなことなどは、たちまち注目の的になり、真綿で首に穏やかに押えつけられる」

「長い苦しい学窓生活は、彼に書籍が教える以上のこと——どんな場合でも感情を顔にださないこと、——なんでもない質問で事の真相を素早くつかみとること、——心の隙を見せないように生きていくこと、——こうしたことを彼は体得したのである」

「彼は家族のものとなり、集団《パーティ》のものとなり、政府のものとなっている。公的にはひたすら、命令を遵奉して行動しなければならない。命令にそむくような衝動に屈することは、その衝動が如何に高潔な、或いは道理にかなったことであっても、夢にも考えてはならない」

「彼は人間の奴隷ではないが一つの制度の奴隷なのである…（中略）…そしてたまたま悪い主人に仕えた手腕家なる下役に残されている唯一の道は、辞職をするか悪いことをするか。この二つに一つということになる。強い人なら、勇敢にこの問題に正面からぶっつかりそして辞職をする。ところがこのような強者一人に対して臆病ものが五十人いる」

日本人が西郷隆盛に「心酔」する理由

〈西郷隆盛を英雄化するその後の流れには、主に二つの大きな系譜がある。ひとつは西郷の伝統的な武士精神と韓国に対する非妥協的態度を重視する熱烈な国家主義者、日本精神に心酔している人々によって代表される。…（中略）…もう一方は当時の保守的体制に勇敢に立ち向かった西郷にあい通ずる面を持つ自由主義者、民主主義者、社会主義者たち（福沢諭吉、内村鑑三、幸徳秋水、頭山満等を紹介）〉

出典：アイヴァン・モリス著『高貴なる敗北』（中央公論社、一九八一）

解説

アイヴァン・モリスは一九二五年生まれ。日本文学研究者。前掲書から関連箇所をさらに引用する。

「上野公園を訪れる外国人にとって、人々の尊敬を集めているこの人物が、反乱者として公式に追放されたままその一生を終えたと信ずるのは困難であるかも知れない」

「西郷隆盛の一生は、明治初期に日本に起こった目まぐるしい変化の中の精神的風土のあらゆる様相を具現している」

「二十七歳になるまで西郷は九州の遠隔の地の、一小大名の役人であったが、四十五歳の彼は、巨人のように日本をまたにかけて闊歩していた。政府の主要な一員としてでなく、現在の国務大臣にあたる参与として、近衛兵司令官、および元帥として明治天皇に仕えていた。五年後彼は反乱者という身分に急転し、自らが率いた皇軍から離反している。

「しかし、敗北し打ち首になってわずか数年後には、自らが転覆を企てたその政府によって西郷隆盛の名誉が回復される」

「このような逆転の連続は、日本においてであってもまれであり、もし西欧の背景の中に置かれれば、奇想天外の部類に属す事柄となるであろう」

「若い頃、彼は頑強で権威をものともしない性質であったが、この性質は後年まで保たれた」

「若い頃から根っからの道徳的潔癖さをそなえ、率直さ、誠実さ、言葉使いと趣味は控え目で自己顕示は大嫌い、欲と名のつくものは全く持たないという点が特徴的であった」

西郷の哲学的主張の中心は四文字「敬天愛人」である。

「無謀な戦争」は明治の時点ですでに予見されていた

〈この国のあの賞讃すべき陸軍も、勇武すぐれた海軍も、政府の力でもとても抑制のきかないような事情に激発され、あるいは勇気付けられて、貪婪諸国の侵略的連合軍を相手に無謀絶望の戦争をはじめ、自らを最後の犠牲にしてしまう悲運を見るのではなかろうか〉

出典：ラフカディオ・ハーン著『神国日本』（平凡社、一九七六年。原著は一九〇四年英国で出版。日本では第一書房、一九三二年）

解説

ラフカディオ・ハーン（一八五〇年―一九〇四年）は日本名小泉八雲。彼は日本の怪談話などの紹介で著名。著書『神国日本』で日本論を展開。関連箇所をさらに引用する。

「（日本の）近代の変転、変化の目まぐるしいばかりのあわただしさ――一八七一年の社会の改革から一八九一の第一回国会開設に至るもの―を考察いただきたい。一九世紀の半ばに至るまで、この民族は、二六〇〇年前のヨーロッパの族長社会と同じままでいた」

「ド・クーランジェ（一九世紀のフランスの中世学者）は個人の自由の欠如ということがギリシア社会の紛乱と結局の壊滅を見るにいたった真因であったと指摘している」

「産業競争に対する能力なども、婦人や子供のみじめな労働力に依存してなされるようなものではありえない。どうあっても個人の知的な自由に頼らざるを得ない。そしてこの自由を抑圧したり、その抑圧を放置してかまわないような社会は、個人の自由を厳重に維持している社会との競争に対応することはとてもできまい」

「日本古来の社会経験は、この国の今後の国際競争裏の進出を利するには不適当なものである。――いや、かえってそれは場合によっては、この国に死の重荷を課すことになるに違いない」

「この国の前途はもう暗闇に見えてくる。日本は今、死に物狂いになって、あらゆる努力を傾けているけれども、結局は経済経験では幾世紀かの先輩にあたる各国の人々を引きいれる余地造りの準備に終るのではないであろうかという懸念の悪夢なのである」

「日清戦争」に勝利できた理由

〈日本を北太平洋における海軍力として第一位に推す理由を評価するにあたって、その艦艇の数と戦闘力、およびその将兵の能力などに加えて、他のことがらも考慮に入れなければならない。日本海軍の戦時編成は、極めて明確な見通しをもって計画され、徹底的に遂行される組織としてはほとんど完全なものである〉

出典：アーサー・ディオシー著「日本と清国の戦闘力」（『外国人の見た日本（三）』筑摩書房、一九六一年）

アーサー・ディオシーは一八五六年生まれ。英国人（父はハンガリー人）。一八九一年日本研究促進のための協会設立を提案。一八九九年日本を訪問。一九〇一年ロンドン日本協会理事長。日英同盟（一九〇二年締結）の支持者。前掲書から関連箇所をさらに引用する。

「清国の広大な海岸線、朝鮮半島、および二百に近い大小さまざまの島からなる日本帝国などをあらわしている地図をひと目みれば、極東におけるいかなる紛争も、けっきょく、海軍力にたよらざるをえないことが、ただちに明白となる。…（中略）…日本人はこの偉大な事実を、その近代海軍のそもそもの創成期から理解していた。日本の鋭敏な海軍軍人ほどアメリカの名将マハンの海軍力に関する大著を、熱心に学んだものはなかった」

「日本海軍の組織を特徴づけている用心深い見通し、目的達成のために適応した手段、細部にわたる綿密な研究、および全般的な熱意と徹底性、その確かな実力は、その揺籃期から育て上げたイギリスの海軍顧問団と教官たちや、フランス海軍の教官と技術者たちに最高の栄誉を与えるべきにせよ、それらは、同じく日本の陸軍組織においても明白にみられる」

「いかにこの軍隊の指揮がすぐれたものであったか、いかに各部隊の協同が正確であり、兵站部と医療班の活動がいかにスムースであったか、高度に訓練された将校と忠実で頑強な兵士たちがいかに勇敢に闘ったか、これらのすべてのことは、日清戦争における日本陸軍の行動を研究した軍事専門家の、間違いなく認める所である（注：他方、清国の軍事戦略、心構え等を批判している）」

実はドイツの作戦だった「黄禍論」

〈ドイツ皇帝は…（中略）…ロシア皇帝ニコライ二世との往復書簡の中で、黄禍を吹聴しはじめている。…（中略）…（ロシア皇帝に）繰り返し、もしロシアが東アジアにおいて西洋キリスト教文明の偉大な使命を果たしてくれるのなら、ドイツはヨーロッパでロシア援護のためになんでもする、と約束している。「…（中略）…アジア大陸に注意を向け、ヨーロッパを黄色人種の攻撃から守ることが、ロシアにとって最大の使命になる」〉

出典：ハインツ・ゴルヴィツァー著『黄禍論とは何か』（草思社、一九九九年）

解説

ハインツ・ゴルヴィツァーは一九一七年生まれ。ドイツ大学教授。著書『黄禍論とは何か』からの引用

ドイツ皇帝（ウィルヘルム）はしばしば「黄禍論」の生みの親と位置付けられるが、ゴルヴィツァーはその背景を、「ドイツ皇帝は一八九五年一枚の絵の下絵を描く。それはドイツ人の守護天使ミヒャエルが、戦いの乙女達を教え導く姿を描いたものである。景色の向こうに町が見え、町は燃え上がる炎に包まれている。…（中略）…竜の上に仏陀の姿が見え、落ちついた冷ややかな目で破壊していく町を眺

めている。この絵には『ヨーロッパ人よ、汝の神聖な財産を守れ！』という題がつけられている。」「ドイツ皇帝は『黄禍』を象徴的に描いて見せた。それゆえにこのドイツ皇帝は、黄禍という言葉の生みの親であるとよくいわれる」と説明している。

彼は「一体誰がドイツ皇帝（ウィルヘルム）に黄禍論を吹き込み、「彼を黄禍宣伝の音頭とりにしてしまったか」を問い、それはマックス・フォン・ブラントで、「彼は皇帝に向かってこう主張する。『ロシアを極東に釘付けにすればするほど、ドイツの東部国境は安全なものとなります』」と記述する。黄禍論について「結局のところ、ドイツ国民の利益のために第三国、つまり日本を犠牲にしてロシアの脅威を少なくすること、そしてそのために黄禍というあやしげなスローガンをいかにも深刻な現実であるかのように見せかけ、わかりやすい事実としてアピールすること、こうしたことが皇帝にとっては第一級の政治手腕であるように思われたのであり、同時にそこに彼の狡猾さを見てとることが出来る」と記している。

トルストイが批判「日露戦争を煽った知識人」

〈戦争（日露戦争）はまたも起こってしまった。誰にも無用で無益な困難が再来し、偽り、欺きが横行し、そして人類の愚かさ、残忍さを露呈した。東西を隔てた人々を見るといい。一方は一切の殺生を禁ずる仏教徒であり、一方は世界中の人々は兄弟であり、愛を大切にするキリスト教徒である〉〈知識人が先頭に立って人々を誘導している。…（中略）…知識人は戦争の危険を冒さずに、いたずらに他人を扇動することのみに努め、不幸で愚かな兄弟、同胞を戦場に送り込んでいる〉

出典：レフ・ニコラエヴィチ・トルストイ著『現代文　トルストイの日露戦争論』（国書刊行会、二〇一一年）

解説

トルストイは一八二八年生まれ。一九〇四年六月二七日英国ロンドンタイムス紙に「日露戦争論」を発表した。前掲書から関連箇所をさらに引用する。

「（日本とロシアの）不幸な人々が数百年の間に受けた暴虐と欺瞞のために、人類、同胞同士の殺戮という世界最大の罪悪を徳行として認め、…（中略）…罪があることさえわからなくなった」

「（知識人は）戦争一般の認識が、残酷で無益で無意味なことについては既に認識しているのに、すべてを無視することにしてしまったのだ」

「知識人は、諸国の軍拡競争が止めどない戦争につながり、一般人が犠牲になり、あるいはその双方を引き起こすことになるのを知らないはずはない。戦争の準備のために、人々の労働の結果である数十億ルーブルの財貨が、無意味、無目的に乱費されるばかりか、戦時においては数百万の強健な青年男子が、生涯の中でも最も生産的労働に適した時期に、無残に殺戮されることになることを彼らが知らないはずはない。…（中略）…また戦争の原因は、常に一人の命を抛つほどの価値のあることではなく、いや、それに要する費用の百分の一にも値しないことであることを彼等が知らないはずはない。…（中略）…とくに戦争が極めて卑劣で動物的な欲望を沸き立たせ、人を殺伐で残忍にすることは万人が知っていること」。

「戦争が起こると、すぐに知識人はこれらを忘れてしまい、昨日まで戦争の悪、無用、無意味を説いてきたその本人が、今度は多くの人類を殺戮し、多くの労働の生産物を浪費し破壊し尽くして、平和で勤勉な人々の間に、ひどい憎悪の念を抱かせることに集中する」

伊藤博文を暗殺した「安重根」の対日観

〈日本がロシアとの開戦した時には、その宣戦布告書に「東洋平和の維持、韓国独立の強固」を謳いながら、今日に至るもその信義は守られず、かえって韓国を侵略し、五ヵ条、七ヵ条の条約を強制的に結んだ後、政権を掌握し、皇帝を廃位し、軍隊を解散し鉄道、鉱山、森林、河川など、奪わない所はありません…（中略）…その国民、その子孫たる者、誰がその怒りを忍び、辱めに耐え得るでしょうか〉

出典：安重根著『安重根自叙伝』（愛知宗教者九条の会、二〇一一年）

解説

安重根は一八七九年生まれ。一九〇九年、伊藤博文（当時枢密院議長、同年六月に韓国統監を退任）がロシア蔵相と会談を行うために出かけたハルビン駅構内（ロシアが管轄）で、安重根が伊藤を銃殺した。安重根はロシア官憲に逮捕され、日本の関東都督府に引き渡され処刑された。獄中で書いた自伝『安重根』から引用。

「一九〇七年伊藤博文が韓国にきて、七カ条の条約を強制し、光武皇帝を廃し、軍隊を解散したので、二千万人の国民が一斉に怒りを発し、方々に義兵が蜂起し、三千里の国土に砲火が轟きました。そこで私は急いで支度を整え、家族に別れを告げ、北間島に向かって出発しました…（中略）…ロシア領に入り、ウラジオストクに到着しました」

「各地を回って多数の韓国人を訪ね、義挙を訴えて、次のように演説して歩きました」

「皆さんは現在のわが韓国の惨状をどれだけ知っていますか。（惨状）ゆえに、二千万の民族が一斉に奮起し、三千里の国土に義兵が続々と蜂起しています。しかるに何たることか、かの強盗共は逆にこれを暴徒と称し、兵を出動して討伐し、惨澹たる殺戮をしています。ここ二年の間に被害を被った韓国人は数十万に達します。

他国を略奪し、人を残す者が暴徒でなく、自国を守り、外敵を防御する者が暴徒になるということを思えば、まことに《道義は地に堕ちた》ということです。

日本の韓国に対する政略がこのように残虐である根本は、これ全て日本の大政治家、老賊である伊藤博文の暴行です」

番外編：夏目漱石の欧米観

〈一、金の有力なるを知りし事
二、同時に金のある者が勢力を得し事
三、金ある者の多数は無学無智野郎なる事
四、無学不徳義にても金あれば世に勢力を有するに至る事実を示したる故国民は窮屈なる徳義を棄て只金をとりて威張らんとするに至ること
五、自由主義は秩序を壊乱せる事〉

出典：夏目漱石著『漱石全集（十一）』（漱石全集刊行会、一九一九年）

解説

夏目漱石は一九〇〇年から約二年ロンドンに滞在した。後、『文学論』の序で、「倫敦《ロンドン》に住み暮らしたる二年は尤も不愉快の二年なり。余は英国紳士の間にあつて狼群に伍する一匹のむく犬の如く、あはれなる生活を営みたり」「英国人は余を目して神経衰弱と云へり。ある日本人は書を本国に致して余を狂気なりと云へる由」と記しており、決して英国社会に溶け込んでいた訳ではなかった。日記、及び、断片からの抜粋。


「彼らは人に席を譲る。本邦人の如く我儘ならず」

「彼らは己の権利を主張す。本邦人の如く面倒くさがらず」

「倫敦の町を散歩して試みに痰を吐きてみよ。真っ黒なる塊の出ずるに驚くべし」

「この煤烟中に住む人間が何故美しきや解し難し。往来にて向こうから脊の低き妙なきたなき奴が来たと我が姿の鏡にうつりしなり」

「英国人なればとて文学上の知識に於て必ずしも我より上なりと思うなかれ」

「西洋人は感情を支配することを知らぬ日本人は之を知る。西洋人は自慢することを憚らない。日本人は謙遜する」

「西洋人の日本を賞賛するは半ば己れに模倣し己れに師事するが為なり」

「日本人は創造力を欠ける国民なり。維新前の日本人は只管支那を模倣して喜びたり」

「維新後の日本人は又専一に西洋を模倣せんとするなり」

「現在の日本人は悉く西洋化する能わざるが為、巳を得ず日欧両者の衝突を避けんが為、其衝突を和らげんが為進んで之を渾融せんが為苦慮しつつあるなり」

第九章　明治の社会と文化

明治以前における外国人の来訪は極めて限定的であった。

特に江戸時代、日本は鎖国状態にあり、訪日する者は極めて限定的であった。その前はキリスト教の布教に訪れた宣教師等に限られ、これまた限定的である。

だが、明治になると外国からの来訪者は極めて多彩になる。

『詳説　日本史』（山川出版社、二〇一二年）は「おもな在日知識人の業績」を下記のように記している（記載は一部）。

宗教　ヘボン（米）　伝道・医療・語学
　　　フルベッキ（米）伝道・語学
教育　クラーク（米）札幌農学校
自然科学　モース（米）　動物学・考古学
　　　ナウマン（独）地質学
医学　ベルツ（独）　帝大
工学　ダイアー（英）　工部大学校

文芸　　　　フェノロサ（米）哲学・古美術
美術　　　　ラグーサ（伊）彫刻
建築　　　　コンドル（英）建築

この表に出ない多数のお雇い外国人や短期訪問者がいる。

明治の日本社会は西洋文明との融合が急速に進み、文化・社会も変容していくのである。

ヨーロッパが「熱狂」したジャポニスム

〈（ジャポニスムの）役割とはさまざまな要因が複雑に絡み合う中での触媒と現像液としての役割であり、それらの要因から特に印象主義が生まれたのだった。したがって当時のヨーロッパの画家たちはしばしばジャポニスムを自身の絵画表現の探求の有効性を確認させてくれるものとして捉えたのである。ある種の熱狂をともなって日本美術が発見されたことは、その意味でヨーロッパの美学の欲求に応えるものであった〉

出典：オギュスタン・ベルク著『日本の風景・西欧の景観 そして造景の時代』（講談社、一九九〇年）

解説

オギュスタン・ベルクは一九四二年生まれ。フランスの地理学者。一九六九年来日。以降、東北大学、北海道大学、宮城大学等で勤務。通算十数年、日本に滞在。前掲書から関連箇所を引用する。

日本が与えた影響については「文化面での接触は一九世紀後半のヨーロッパ美術における重要な現象の起源となったジャポニスムである。ジャポニスムは当時のヨーロッパの画家たちの多くに深い所で影響を与えた。その影響はまず、部分的なものとして、また目に見える形で、絵画のテーマや細部に読み取ることが出来る。モネの『日本の娘』（一八七六）、ゴッホの『タンギー爺さん』（一八八七）、マネの『エミール・ゾラの肖像』（一八六八）等が例として挙げられよう。より深いところではジャポニスムはヨーロッパにおける絵画制作の技法自体に影響を与えた」と記す。

技術面については「絵画技法の転換は図式的にみると、より鮮やかでコントラストのある色彩の使用、非対称の尊重、俯瞰的視点の採用という点にある。たとえばモネの作品『サント＝アドレスのテラス』は色彩の隔たりの間のコントラストの強さと俯瞰的展望という点で、浮世絵の技法を思わせる。俯瞰的展望は、ホイッスラーの『紫と緑のヴァリエーション』においてさらに強調され、広重の版画のいくつかを思いださせる。カイユボットの『ヨーロッパの橋』に見られるクローズ・アップも広重の『江戸百景』の何点かの作品を想起させる。…（中略）…アンリ・リヴィエールの連作『エッフェル塔三六景』は、もちろん北斎の『富嶽三十六景』を念頭においた作品である」と記す。

〈北斎を見て「あの波は爪だ、船が爪に掴まれているのを感じる」と君の手紙にあったけれども、北斎も君に同じ嘆声をあげさせたのだ。彼（北斎）の場合は線とデッサンによっている〉

〈お願いがあるが、このアトリエ用にドーミエの石版画の数枚と日本の版画を数枚探してもらえないか〉

〈僕はアトリエに、日本版画の全部とドーミエとドラクロワとジュリコーを並べた〉

出典：ゴッホ著『ファン・ゴッホ書簡全集』（みすず書房、一九六六年）

解説

エミル・ベルナールも著書『ゴッホの手紙』（岩波書店、一九五五年）に次の文章を記している。

「われわれはよほど日本版画に熱中していたと告白せざるを得ない」

「我々はこれ（版画）を眼と精神の糧《かて》にしようと誓い合った。近代の芸術に対する日本の影響を忘れてはならない。それは人々を活気づけ、装飾的感覚をよみがえらせ、鑑賞家を在《あ》り来《きた》りの無型式な引写しや平凡さから離脱させるのに役立った。ヨーロッパの伝統的な形式からはみ出す危険が伴ったにもかかわらず、我々によい流派を形成させた」

「ブルターニュ地方を旅行していると、アルルから友情のこもった長い手紙を受け取った。ヴィンセントは、『日本のような美しい国で、水は景色に豊かな青を添えエメラルド色の斑紋は、まるで日本の版画をみるようだ』と言い、私も同じような長い返事を出して、描きかけの画の見取図で便箋を埋めた。文章を書くたやすさで、北斎や歌麿が画を描くようにやってみようと、一緒に計画をたてた」

「これらの版画の単純さは高度の文化から生れた純粋な芸術に他ならない。立派な様式を持ち、すぐれた線と色彩は調和を構成し、高雅さを備えている。最上の洗練さと一番単純な方法とが結びついて出来た簡略な効果であって…（中略）…。ヴィンセントがアルルから最初に送り出した作品は、この東洋芸術から生れた忠実な娘であった」

「モネは、オランダ旅行の時に世話になった家で日本版画を見て、それを手本に自己の名声を築きあげた一連の作品を残し、近代絵画にあれほど影響を与えることが出来たと言われている」

「日本画は油絵に勝る」フェノロサが断言する理由

〈日本人は本当に油絵の画法を採り入れようと欲しているのであろうか。果してそうならば、世上の美術は既に堕ちたりというべきである。あゝ、日本人はどうしてそのように浅見なのか、その固有の画法の最良特美であることは、すでに証明済みのことであり、欧米人はこれを利用しようとしている。それなのに日本人は、かえって欧米人のすでに全く廃棄しもしくは更改せんと望む古い旧套をつごうと欲するのであろうか〉

出典：フェノロサ著『美術真説』（竜池会、一八八二年。ただし本書では『外国人の見た日本（三）』〈筑摩書房、一九六一年〉の現代文を引用）

解説

フェノロサは一八五三年生まれ。ハーバード大学卒業。一八七八年（当時二五歳）に来日し、東京大学で哲学など講義。一八九〇年に帰国し、ボストン美術館東洋部長になる。一八八二年、彼の講演録を『美術真説』として出版。日本の美術界に大きい影響を与える。前掲書を現代文に改めたものを引用。

「まず論究すべきは、東洋一般の画と西洋の油絵のことである。油絵が一たび日本に伝わって以来、貴紳はたまたまその新奇さを激賞し、ついに固有の画を蔑視して、旧来の画家を擯斥したために、油絵の勢いは日に盛んなものとなり、ほとんど日本画を圧倒するばかりである。これは実に憂うべきところである。今くわしく二者の得失を比較論述しよう。

第一に油絵は日本画に比べると実物に疑似すること恰も写真のようである。しかしこのことは決して善美の基本となることではない」

「欧米諸国において美術を愛玩する人々は、油絵が近来しきりに理学と交渉をもち、徒らに表面を仮装し、かえって美術本来の風致を失することを観破して、この悪弊をすみやかに救うことの必要を知って切に日本に向ってその解決策を求めようとしている。今より数年も経ぬうちに、欧米の画家は多少とも東洋の画風を採取し、既にその簡素を貴び、ついには一般の人々もみな尋常疎略な油絵よりは、むしろ狩野探幽の画の如き淡色の画を好むふうになることを、今から期して待つべきなのである。つまりこのことは、日本画を愛するものが、日一日と多くなっていくことからも知られるのである」

モースが驚いた日本人の「善徳や品性」

〈外国人は…（中略）…日本人にすべてを教へる気でゐたのであるが、…（中略）…善徳や品性を、日本人は生まれながらに持っているらしいことである。衣服の簡素、家庭の整理、周囲の清潔、自然及びすべての自然物に対する愛、あっさりして魅力に富む芸術、挙動の礼儀正さ、他人の感情への思いやり……これ等は恵まれた階級の人々ばかりでなく、最も貧しい人々も持ってゐる特質である〉

出典：エドワード・モース著『日本その日その日（上）』（科学知識普及会、一九二九年）

解説

エドワード・モースは一八三八年生まれ。米国の動物学者。一八七七年来日し、二年間東大教授。大森貝塚を発掘。前掲書からの引用。

「東京の死亡率が、ボストンのそれよりも少ないことを知って驚いた私は、この国の保健状態について、多少の研究をした。我が国（米国）で悪い排水や不完全な便所その他に起因するとされる病気の種類は日本には無いか、あっても非常に稀であるらしい」

「この国に来た外国人が先ず気付くことの一つにいろいろなことをやるのに日本人と我々とが逆であるという事実である（注・具体例として「冷水を飲まず湯を飲む」等に言及）」

「人々が正直である国にいることは実に気持ちがいい。私は決して札入れや懐中時計の見張りをしようとしない。…（中略）…日本人が正直であることの最もよい実証は三千万人の国民の住家に錠も鍵も、いや錠をかけるべき戸すらないことである」

「日本人の清潔さには驚くほどである。床は磨き込まれ、周囲は奇麗に掃き清められている」

「下流に属する労働者達の正直、節倹、丁寧、清潔、その他我が国において『基督教徒的』とも呼ばれるべき道徳の全てに関しては、一冊の本を書くことも出来る位である」

「（日光から東京へ。この汚ならしい町の旅籠屋で）部屋の壁にかけられた書き物は、翻訳を聞くと、古典の一部であることが判った。私は米国の同じような場所の壁を飾る物――拳闘、競馬、または裸の女を思い浮かべ、我々はいずれも、日本人の方が風流の点では遥かに優れていることに同意した。この繊細な趣味の全てが、最も貧しい寒村の一つにあったのである」

「西洋に比べて日本人は幼児」と言った米国人

・「初めて横浜に上陸した時、地球の裏側では全てが、逆と信じていたことが蘇ってきた」
〈目が猫の目のように斜めに吊り上がっていることは彼らの精神の働きが明らかに角度を異にしているという証拠である〉
〈言葉の順序を全く逆にしてしゃべること、書く時には筆を右から左に動かすこと、本は一番最後の頁から読むこと、これらはこの国の人たちの正反対の性格を示すいろはである〉

出典：パーシヴァル・ローエル著『極東の魂』（一八八八年米国で出版、邦訳は公論社、一九七七年）

解説

パーシヴァル・ローエルは一八五五年生まれ。一八八九年から一八九三年にかけ、通算約三年の間日本に滞在。ハーバード大学卒。弟が長年ハーバード大学学長をつとめた。アメリカ芸術科学アカデミー会員。前掲書の引用。
「現在のところ、われわれはこの国の人々を評価するのに、彼らは文明化の途上にあるとして仮学位を与えている」

「この極東の国はまだ半開化の状態にあるとされているが、…（中略）…）絶対的意味でそうなのだ。…（中略）…人間性のついに至るべき可能性と比較して、半開化なのだ」

「知的精神の高峯が数少ないとは言え、一般の台地の隆起はかなり高い」

「極東の文明は、他とは全く質の異なった化合物となったというより、社会組成の諸要素を機械的に混ぜ合わせた混合物に似ている」

「われわれは日本文明を発達半ばで成長を停止した非常に興味深い文明の事例として見ることができる。」、「この奇妙な結果をさらに促進する一つの要因が加わった。…（中略）…それは模倣の精神である。…（中略）…この国では知恵の木の生長の過程で分枝がその幹と全く不釣り合いに発達したという事実は、文化のつぎ木が行われたという理由からである」

「人が直接に認識する魂の生涯は、この短い人生七十年よりもさらに短い。この目覚めた自己意識の生涯は明らかに没個性と思われる二つの状態で区切りされている。一つは少年の日の発見以前にある幼児期であり、もう一つは年経るに近づく老衰期である（注：日本と中国では、この両方の状態が一度に見られる）」

「日本人に比べれば西洋人は赤ちゃん」と言った米国人

〈この民族性を普遍化することも要約することも不可能です。というのは日本人は全く類似性のないほど正反対の性格を持ち、かつ矛盾に満ち、ほかのどのアジア民族とも全く類似点がありません。日本人は最高の感受性、人間的機知に富み、同時に最高に無感覚で因襲的で無神経です。また最高に論理的で博識で良心的で、同時に最高に不合理で皮相的で冷淡です。そして、極めて堂々とし、厳粛で寡黙で、同時に最も滑稽で気まぐれで多弁です〉

出典：エリザ・シドモア著『シドモア日本紀行―明治の人力車ツアー―』（原書は一八九一年出版。邦訳は講談社、二〇〇二年）

解説

エリザ・シドモアは一八五六年生まれ。一八八四年二七歳の時に訪日。シドモアは、桜を「この世で最も美しいもの」と呼び、ポトマック河畔に桜の木を植えるようクリーブランド政権に嘆願した。前掲書からの引用。

「日本人は今世紀最大の謎であり、最も不可解で最も矛盾に満ちた民族です。日本人の外見と環境は、一瞬気取り屋の国民に見えるほど絵のように美しく、芝居じみ、かつ芸術的です」

「西洋人は、極めて優れた黄色人種の分派・日本民族の深い神秘性、天性の賢明さ、哲学、芸術、思想など名状しがたい知的洗練さの前にはまるで赤ちゃん同然です」

「西洋の歴史書は、日本人を侵略的で残酷で復讐的な民族であると断定する一方で、経験に学んだ日本人は、謙虚で慈悲深く優しい民族であると検証しています。茶の湯の念入りな改良と工夫を行ってきた同じ世紀に、拷問、迫害を黙認し、戦場では前代未聞の殺戮に手を染めました。高潔なる黙想、俳諧に浸り、芸術を育成しながら、人生の半分を過ごしてきた同じ人間が、人生の別な半分を快楽にうつつを抜かし、敵をばらばらに叩き切ったり、楽しそうにハラキリを見物したりします」

「この気高い民族は国際政治の侮辱に甘んずるよう強いられ、重大な戦争の危機に直面し、いまだに外圧による厳しい状況に立たされています…（中略）…国民に対する洋式訓練の確保に努力している政府は、外国方式に対する無知をいいことに、金を巻き上げられ、欺かれ、さらに目隠しまでされています」

敵国の捕虜を救う日本の看護婦

〈三週間近くの間、私は毎日の大半を、二万人以上の負傷兵が収容されているこの病院の方々の病棟で過ごした。その後、松山にあるロシア人捕虜のための病院で一週間過ごした後で、日本の看護婦こそまさに慈愛に溢れた救いの女神だと、心底から感じたのである〉

出典：ハーバート・ポンティング著『英国人写真家の見た明治日本』（講談社、二〇〇五年）

解説

ハーバート・ポンティングは一八七〇年生まれ。英国人写真家。一九一〇年スコット南極探検隊に参加。一九〇一年に来日。前掲書からの引用。

「私が日本の水域に入って、初めて見たこのときの富士山ほど美しく感じられたことはない。これが日本だったのだ。私がそれまで描いてきた甘美な夢も、このすばらしい情景が醸し出した最初の印象には遠く及ばなかった」

「私はS・駒井の作ったシガレット・ケースを持っている。…（中略）…（トレドの）象嵌細工をしている部屋に入っていって、ケースを取り出し、職人の長の机の上にそれを置いた…（中略）…職人達は意匠の美しさにおいても仕上げの完璧なことにおいても、これに匹敵するような技術を持った者はスペインには一人もいないと言った」

「(ある日) プラットフォームに立っていると、そこにロシア軍の捕虜を満載した列車が到着した。乗っていた捕虜の全員が戦争から解放された喜びで、大声で叫んだり歌を歌ったりしていた。…(中略)…ちょうどその時、反対の方角から別の列車が入って来た。それは日本の兵士を満載した列車で、兵士達は前線に行く喜びで同じように歌を歌っていた。ロシア兵と日本兵はお互いの姿を見るや否や、どの窓からも五、六人が頭を突き出して、皆で歓呼の声を上げた。ロシア兵も日本兵と同じように懸命に万歳を叫んだ。列車が止まると日本兵は列車から飛び出して、不運(?)な捕虜のところへ駆け寄り、煙草や持っていたあらゆる食物を惜しみなく分かち与えた…(中略)…。私が今まで目撃した中でも、最も人間味溢れた感動的な場面であった」

「日本人は精神的奴隷」インド詩人の見解

〈アジアで日本だけが、ある日突然、欧州が世界を制覇したと同じ力で、欧州に逆襲できると考えたのである。わずか数年で日本は欧州の力を掴み取ったのである。歴史上、これほど驚嘆すべき出来事は前例がない〉

〈日本がこうしたものを土台から築きあげる必要がなかったからだと理解すべきである〉

〈国民は広くいきわたる精神的奴隷制度を快活と誇りを持って受け入れている〉

出典：ラビンドラナート・タゴール著「日本紀行」（『タゴール著作集（十）』第三文明社、一九八七年）

解説

ラビンドラナート・タゴールは一八六一年生まれのインドの詩人、思想家。一九一三年ノーベル文学賞を受賞。アジア人初のノーベル賞。タゴールは一九一六年、日本を訪問。この時の状況を「日本紀行」に記す。前掲書からの引用。

「私たちが何と言おうと、アジアの最果てに生きる民族が、ヨーロッパ文明の複雑な装置のすべてを、完璧なまでの能力と熟練した技術をもって使いこなすことが出来るという事実を、私は目前にはっきり見ているのである」

タゴールはインドにかえると『西洋における国家主義』（アポロン社、一九六〇年）で次のように記述した。

「わたしは日本において政府の民心整頓と自由の刈込みに全国民が服従するのを見た。政府が種々の教育機関を通して国民の思想を調整し、国民の感情をつくりあげ、国民が精神的方面に傾く微候を示すときには油断なく疑惑の眼を光らせ、政府自身の仕方書に従って、ただ一定の形の塊りに完全に熔接するのに好都合なように、（真実のためでなく）狭い道を通って導いていくのを見た。国民はこのあまねくいきわたる精神的奴隷制度を快活と誇りをもってうけいれている。それは自分でも『国家』と称する力の機械になって、物欲のために他の機械と覇を競おうとの欲望からである」

番外編：「変化」の時代を表現する石川啄木

【ドナルド・キーンの選による】

〈我に似し友の二人よ一人は死に一人は牢を出でて今病む〉
〈曠野《あらの》ゆく汽車のごとくにこのなやみときどき我の心を通る〉
〈頬《ほ》につたふなみだのごはず一握《いちあく》の砂を示しし人を忘れず〉
〈かにかくに渋民村は恋しかりおもひでの山おもひでの川〉
〈夜寝ても口笛吹きぬ口笛は十五のわれの歌にしありけり〉
〈ストライキ思ひ出ても今は早や我が血踊らずひそかに淋し〉
〈函館の青柳町こそかなしけれ友の恋歌矢ぐるまの歌〉

〈とるに足らぬ男と思へと言ふごとく山に入《い》りにき神のごとき友〉
〈頬《ほ》の寒き流離の旅の人として路問ふほどのこと言ひしのみ〉
〈かの時に言ひそびれたる大切な言葉は今も胸にのこれど〉
〈ひややかに清き大理石《なめいし》に春の日の静かに照るはかかる思ひならむ〉
〈さいはての駅に下り立ち雪あかりさびしき町にあゆみ入りにき〉
〈途中にてふと気が変り、つとめ先を休みて、今日、河岸をさまよへり〉
〈かなしくも夜明《よあ》くるまでは残りゐぬ息きれし児《こ》のぬくもり〉
〈石をもて追はるるごとくふるさとを出でしかなしみ消ゆる時なし〉
〈たはむれに母を背負ひてそのあまり軽《かろ》きに泣きて歩あゆまず〉
〈東海の小島の磯の白砂《しらすな》にわれ泣きぬれて蟹とたはむる〉
〈何がなしに頭のなかに崖ありて日毎に土のくづるるごとし〉
〈子を負ひて雪の吹き入る停車場に われ見送りし妻の眉かな〉
〈呼吸すれば、胸の中にて鳴る音あり。凩《こがらし》よりもさびしきその音！〉
〈あやまちて茶碗をこはし、物をこはす気持のよさを、今朝も思へる〉

出典：ドナルド・キーン著『石川啄木』（新潮社、二〇一六年）

解説

ドナルド・キーンは二〇一六年、石川啄木（一八八六年―一九一二年）について『石川啄木』（新潮社、二〇一六年）を出版。「啄木の絶大な人気が復活する機会があるとしたなら、それは人間が変化を求める時である。地下鉄の中でゲームの数々にふける退屈で無意味な行為は、いつしか偉大な音楽の豊かさや啄木の詩歌の人間性へと人々を駆り立てるようになるだろう」と記述。本の中で紹介された詩を引用した。

第一〇章　日米開戦への道

・太平洋戦争における死者は厚生省の発表によると三一〇万人余（内軍人軍属二三〇万人、沖縄住民を含む在外邦人三〇万人、内地での戦災死亡者五〇万人）
・それも日本の真珠湾攻撃から始まるという日本歴史上の最大の愚策

真珠湾攻撃という最大の愚策は、ある日突然に決定されたわけではない。この道に来るには、幾つかの転換期があったと思う。それらを列挙してみたい。

①**日露開戦後の満州への進出**。「満州は日本の生命線」として出て行ったが、日露戦争後の満州進出には、日本は法的根拠を何も持っていない。

日露戦争が終わり、米国のルーズベルト大統領が仲介役に入り、日露講和条約（ポーツマス条約）が結ばれた。ここには次の合意がある。

「第三條　日本國及露西亞國は互に左の事を約す

一遼東半島租借權が其の效力を及ぼす地域以外の滿洲より全然且同時に撤兵すること
—日本國又は露西亞國の軍隊に於て占領し又は其の監理の下に在る滿洲全部を擧げて全然清國專屬の行政に還附あること」

一九〇六年五月、首相官邸において元老及び閣僚の「滿州問題に関する協議会」が開かれ、伊藤博文（元首相）が次の主張を行っている。

「滿州方面に於ける日本の權利は、講和条約に依って露国から譲りうけたもの、すなわち遼東半島租借地と鉄道の他には何物もないのである…（中略）…。

仕切りに満州経営を説くけれども、満州は決して我が国の属国ではない。属地でもない場所に、我が主権の行はるる道理はない」（平塚篤編『伊藤博文秘録』）

この時に伊藤博文が説くように、満州を国際協調で対応していれば、戦争の道はない。

②一九三二年三月**満洲国建国**。傀儡政権として、溥儀を満洲国皇帝とする。国際連盟は一九三二年三月リットン調査団を中国、満州に派遣。日本はこれを不服として一九三三年三月国連より脱退。この時に国際世論に耳を傾ければ戦争の道はない。

③満州の治安を維持するためには中国の国境周辺を制圧しなければならないとして、**中国本土への攻撃に踏み切る**。その最初が一九三三年二月の熱河作戦で、昭和天皇は、「(作戦許可を）取り消したし。閑院宮に伝えよ」と指示するが、奈良侍従武官長は「陛下のご命令によりこれを中止せんとすれば大

なる紛糾を惹起し、政変の因とならざるを保ち難し」と天皇を脅し、これより天皇の対応が変化する。

④中国全土に激しい排日運動が展開される。一九三二年一月、上海市郊外に十九路軍の一部（第七八師団）が現れ一月二八日**日本軍と中国軍とが衝突し、戦争状態に入る**。

⑤日本軍は蒋介石軍、中国共産党軍と**中国全土で戦う**。

⑥欧米は蒋介石政権を支えるため武器をベトナム、ビルマ等を経由して送っている。このルートを遮断するため**仏領インドシナに進出する**。

⑦米国が対抗措置として石油の全面禁輸を行った。インドネシアの石油を確保しようとすると米国と対立するので、**日本側から米国を先に攻撃する**。

こうした一連の動きで顕著なのは「自分がこうしたいからする」ということで指導者たちの思考が止まっていることである。

自分が行動すれば、当然相手がそれに対して対抗手段をとる。だが、当時の日本の指導者たちには、相手がどう行動するかについての考察がほとんど、欠如している。

幣原喜重郎著『外交五十年』は、危機感の欠如について、次のように書いている。

「一九四一年（昭和十六年）の夏、…（中略）…近衛首相から面会を求められた。…（中略）…近衛公は私に向かって『いよいよ仏印の南部に兵を送ることにしました』と告げた。私は、『船はもう出帆したんですか』と聞くと、『エエ、一昨日出帆しました』という。

『それではまだ向うに着いていませんね。この際船を途中、台湾かどこかに引き戻して、そこで待機させるということは、出来ませんか』

『すでに御前会議で論議を尽して決定したのですから、今さらその決定を翻すことは私の力ではできません』との答えであった。

『そうですか。それならば、私はあなたに断言します。これは大きな戦争になります』と私がいうと、公は

『そんなことになりますか』と、目を白黒させる。

私は、『仏印に行けば、次には蘭領印度（今のインドネシア）へ進入することになります。英領マレーにも進入することになります。そうすれば問題は非常に広くなって、もう手が引けなくなります。』…（中略）…

じっと聞いていた近衛公は顔面蒼白となり『何か外に方法がないでしょうか』という」（幣原喜重郎『外交五十年』中央公論新社、一九八六年）

上記は一つのエピソードである。このエピソードが示すように、自分が行動をとれば相手がどう出るか考えるという「戦略的思考」を、日本では最高決定者の首相ですら実行できていないのである。

日本をターゲットに戦争を準備していた米国

〈統合会議は一九〇四年、日本がロシアを攻撃した直後、仮想敵国に対して陸海両軍が協力してとれる一連の作戦計画を準備し始めた。この一連の計画がいわゆるカラー・プランへと進展し、…(中略)…日本に対するオレンジ計画は、…(中略)…カラー・プランの中で最も傑出したものであった。そして、この計画では、当初からフィリッピン対策には苦慮し、ここに軍隊、とりわけ陸軍を配備せんとしたのであった〉

出典：ワイグリー著「アメリカ陸軍と極東戦略」(細谷千博編『日米関係史(二)』東京大学出版会、一九七一年)

解説

米国は、日露戦争後、日本との戦争を想定し、オレンジ計画を作る。日本の動向を見て、この計画を修正していっている。前掲書を見てみたい。著者ワイグリーはテンプル大学教授、アメリカ軍事史専攻。日露戦争後の米国の警戒感を「約七千余のフィリッピン群島はアメリカの西海岸から七千マイルの距離をおいて点在しているのであるが、日本からの距離はその七分の一であり、それに当時日本が支配していた台湾からは約二百マイルの距離にあった。一八九八年のスペインに対するアメリカの勝利の幸福感が醒め、とりわけ一九〇四年から五年にかけて日本がロシアを打ち破ってからというもの、アメリカの戦略立案者達は、フィリッピンにおける支配的な地位の中には、苛酷なる現実が含まれていることを見てとるようになった」と記している。

ワイグリーはオレンジ計画の進展を「一九一四年には、統合会議でオレンジ計画の改定を完了（比防衛を考察）。…（中略）…一九二〇年代にはこうした（比防衛の）悲観的見通しが、もっと悲観的なものになっていった」と記している。

更にワイグリーは「一九三〇年代初頭、日本が満州に侵攻し、この十年間の日米関係の第一の危機が訪れた際に、軍の首脳達は少なくとも一度はフィリピンの防衛力が手薄であるという事実をハーバート・フーヴァー（Herbert Hoover）大統領に告げて注意を喚起していた」と記している。

つまり、米国は日露戦争以降、日本との戦争の可能性について真剣に考察し、時々の国際情勢、日本の動向に対応し計画を修正しているが、それに相当するものは日本にはない。

番外編：米国の「悪意」に気づいていた日本人博士

〈今、世の中の人が日本の国運の隆盛を謳歌している中、私は密に、日本には一つの危機（日露戦争）を通過して別の危機が迫っていると思っています。ただ現在は日本国民が全身全霊を行使し、驚くべき力で戦後の危機を乗り切ってから日が浅い為に、既に早くも別の危機が目の前に迫っていることに気付かないのも無理のないことではありません〉

出典：朝河貫一著『現代文で読む「日本の禍機」』

（朝河貫一博士顕彰協会事務局、二〇一七年。原著は一九〇九年實業之日本社刊）

朝河貫一は一八七三年福島県生まれ。一八九五年東京専門学校（現早稲田大学）を首席で卒業。一八九九年米国ダートマス大学を卒業。一九〇二年イェール大学大学院を卒業。一九〇二年ダートマス大学講師。一九〇七年イェール大学講師。一九三〇年イェール大学準教授。日露戦争後、米国の雰囲気が一変したことを踏まえ、一九〇九年『日本の禍機』を實業之日本社より出版。

「私はその楔とも言うべき満州問題についてのみ論じていきたいと思います…（中略）…。個人間でも、国家間でも、他の我に対する感情は常に必ず間違った認識を含んでいるので、これが正しいとして我々の方針を定めることは愚かの極みです。しかし我々が一国のみで生きている訳でない以上、一日たりとも世の中の批判を免れ得ないのみならず、世界がますます頻繁に行き交う世の中になってきている現在、国際世論が吾々に及ぼす利害も切実になってきている、ということを片時も忘れてはいけません」

「（日露戦争後）一般大衆は漠然と日本を疑い、あるいは恐れ、または憎むということです。その理由を尋ねると彼等はこういいます。日本は戦争に勝ったことを傘に着て次第に近隣を併合し、遂には欧米の利害にも大きな影響を与えるに違いないからだと」

「識者の気持ちを推し量ってみると、それは一般大衆と極めて似た考えを持っています」

「日本は日露戦争の前後を通じて何度も世界に宣言した二大原則があるが、それに自ら背きつつあるので、我々はその専横を喜ばないのである。二大原則とは清帝国の独立及び領土保全並びに各国の機会均等である」

「軍は農村の支持を狙った」軍国主義化の背景

〈(二二六事件での)青年将校の行動は、永続的な影響を及ぼした。彼らの襲撃事件の後に出来た政府は、彼らが転覆させた政府よりも、はるかに強く軍の影響を受けたし、また軍の政策に対してははるかに同調的であった。過激論者は権力を獲得し損なったが、彼等の見解をより穏健な形で説明した者は力を得た〉

出典：ロナルド・ドーア著「日本ファシズムの農村的起源」(モーリ編『日本近代化のジレンマ』ミネルヴァ書房、一九七四年)

解説

ロナルド・ドーアは一九二五年生まれ。英国の社会学者。前掲書の引用。

ドーアは軍国化の背景として「一九二〇年代後半から一九三〇年代にかけての日本では何事かがうまくゆかなくなった」「一九三〇年代の日本に起こったことは近代化のではなく、政治的民主化の挫折」であると指摘している。そして、当時の農村の状態が「政治的民主化の挫折」とどのような関係を持っていたかについて、「最近ハリトン・ムーア教授によって極めて明快に主張された。彼は日本とドイツを、…(中略)…遅れた工業社会にはいった。両国共に、その主要な政策として、国内にあっては抑圧を、国外にあっては膨張を行う体制が出現した。いずれの場合にもこうしたもくろみを支える主要な社会的基盤となるのは、商工業のエリート(彼等は力のない地位の出であった)と、地方の伝統的支配階級との間の提携であった。そしてそうした提携は、農民と工業労働者に対立する方向に向けられていた。遂にいずれの場合にも、発達した資本主義の下での、小ブルジョアジーと農民の窮状のなかから、一種の右翼急進主義が出現した。この右翼急進主義は、両国のいずれの場合においても、抑圧体制の掲げたいくつかのスローガンの供給源となったが、実際には利潤と『能率』の要求の犠牲となった」と記載した。

ドーアは農村的急進主義者の動きについて「彼等は首相を殺し、政府をゆさぶり、当時の政治、実業界の指導者たちの間に恐怖の雰囲気を引き起こした」と記している。

そして、軍と農村の関係については、「軍が農村の支持を獲得しようとした形跡が確かに存在している。…（中略）…将軍たちの言葉は、徳富蘇峰がある時に書いたように、『農村は陸軍の選挙区である』という強烈な意識を示していた」と記している。

東亜新秩序を夢想した知識人たち

〈(東亜新秩序のヴィジョンの)もっとも明白な思想上のごまかしは、中国における日本の戦争行為を、中国の「真の」国益という言葉で理屈づけたことだった。同様にアメリカの勢力や影響力についての評価も、行きあたりばったりで、全く平板なものだった。…(中略)…中国国民党の生存能力の過小評価と、日華事変の解決に対する障害として、「外部の勢力」——ソ連とイギリス——に責任を転嫁させようとする傾向(だ)〉

出典：ジェームス・クラウリ著「東亜新秩序を夢想した政治家」(モーリ編『日本近代化のジレンマ』ミネルヴァ書房、一九七四年)

解説

戦争に駆り立てたのは軍部であった。だが当時、軍部ほど過激でない勢力として、近衛文麿を中心とするグループが存在した。前掲書は近衛氏を中心とする昭和会について論じている。クラウリはイエール大学準教授。

先ずクラウリは終戦時について記す。

「広島と長崎における目のくらむ原爆の閃光に接して、日本の歴史家たちは、はっきりと一九三〇年代の日本の国家の針路を『暗い谷間』と見るようになった。…(中略)…悪役の主人公は、チャーチルの言葉でいえば、『思慮分別どころか正気の沙汰とさえ』いえない戦争へと国民を追い立てていった軍国主義支配層であった」

クラウリはインテリ層の動きを「学識もあり、しかも意見を表明できた若干の日本人が東亜新秩序の夢の形成に反対したり、顔をそむけたり、あるいはそのような素振りをしたのではなく、実際には進んで積極的に参画し」たと批判する。そして近衛氏を中心とする昭和会について、「(昭和研究会の)ヴィジョンがいかに高尚でりっぱであったとしても、結果としてでき上がったものは海外侵略と、国内においては権威主義のプログラムであった。昭和維新と新秩序についての彼等の叙述は、魔法使いの弟子の話を思いおこさせる。魔法を使って国家をイデオロギーでもって変えたいとする気持ちが、神聖な十字軍、つまり超国家的レトリックでもって、偏狭な利益を弁護した十字軍の創設を助けたのであった」と記す。

ただ、軍部の動きについては、「(日本軍部の)この暴力的感情はある程度まで防御的なものであった」という点を指摘している。

「日本は侵略者」欧米が見た満州事変

〈一九三一年九月の満州事変を計画し、実行した日本軍部は、歴史上からみる時、おそらく第二次世界大戦の最初の積極的な侵略者と考えられるであろう〉

〈一九四一年一二月七日の真珠湾でぼっ発した太平洋における大戦争は、満州ではじ

まった事件の論理的結果にすぎない〉

出典：ヘンリー・スチムソン著「スチムソン日記（一九三一年九月二三日等）」（『太平洋戦争秘史』毎日新聞社、一九六五年）

解説

ヘンリー・スチムソンは一八六七年生まれ。一九二九年から一九三三年まで国務長官。一九三一年九月一八日奉天（現瀋陽）郊外の柳条湖で、関東軍の板垣大佐、石原中佐が中心になり線路を爆破し、これを中国人が行ったとした。軍の上層部は「不拡大」の方針を出すが、関東軍は参謀本部の若手将校と連携をとりつつ、満州全土を占領し、満州支配への糸口となる。『太平洋戦争秘史』に彼の日記、回想を収録している（「スチムソン日記」一九三一年九月二三日等から引用）。

「一九〇四年—五年の日露戦争できわめて大きな犠牲を払って得た満州における特殊地位を維持する日本の決意には変化がみられなかった。…（中略）…しかし、一九〇五年以来、『日本の政治的考え方の中には、権益を支持しかつそれを強く主張する方法についてきわめて申告で根本的な分裂』があった」「（一九三一年の満州事変は）二つの意味をもつ事実であった。それは侵略行為として、世界平和の全機構に対する最大の攻撃であった。…（中略）…一方、明らかに日本の首相ならびに外相の承認なくして実行した行動であるので、それは法的には侵略というよりは暴動であったとみなすことができた。私ならびに私の助言者にとっては、名誉ある解決の最善の希望は、日本自身の自由主義的な指導者の中にあるように思われた。われわれの入手した証拠からみると、幣原外相と外務省をして情勢をコントロールし得るよう…（中略）…機会を与えることが賢明であることを示した」

「私の直面した問題は、われわれが監視していることを日本に知らしめると同時に、正しい立場にある幣原を援助する方法をとり、それを国家主義的な扇動者の手に渡さないことである」

「軍国主義は武家政治の延長」と言える理由

〈当時の日本において、国家主義的《ナショナリスティック》かつ権威主義的な反動が起こったことの裏には、当然ながら数世紀にわたって形成された日本人のある特質があった。ナショナリズムはつねにくすぶり続け、あおり立てずともそれは再び大きく燃え上がったたし、幾百年もの武家政治の下にあった日本人は、軍国主義者の主導権主張を唯々とうけいれた〉

〈幾世紀もの間の権威政治におとなしく服していたせいで、たいていの日本人は、再び権威政治を押し付けられることになってもほとんど無関心であった〉

出典：エドウィン・ライシャワー著『日本《過去と現在》』（時事通信社、一九六七年）

解説

前出のエドウィン・ライシャワーは一九一〇年生まれ。ハーバード大学教授。一九六一年に駐日アメリカ大使。著書『日本《過去と現在》』から関連箇所を引用する。

「事実、彼らの多くは、せっかく手に入れた知的・政治的自由にぎこちなさを感じて、むしろもう一度天下り的権威のもとで感情的な安住を得たい、とさえ考えていたのであった。封建時代から引きつづき残っていた、このような根強い性質が影響したのでなければ、一九三〇年代のあの反動は起こり得べくもなかったろう」

「日本が選んだのは、かつて西洋のいくつかの国が進んだ道であった。すなわち、それらの国々では、日本におけると同様、過去の権威政治の精神的遺産が工業化された現代までその息吹をつづけ、さらに工業化された現代にまで溶けこみ、ファシズムであれ、共産主義であれ、全体主義の無差別奴隷社会を創り出していたのである」

「近代日本の全体主義政治は、ただ単に過去の権威政治のひこばえであっただけでなく、日本の近代的政治・経済機構における中央集権的力が生み出したものでもあった」

「一九二〇年代の民主主義的議会政治の政府が、往時の藩主も将軍も、あるいは天皇さえもなしえなかった大きな統制力を国民生活全般にわたって行使しえたのは、近代的報道伝達機関と、政治・経済において近代的組織がもつ技術に負うものであった。普通教育の充実、新聞・ラジオの発達普及、そしていうまでもなく国民皆兵制度――これらのものによって、政権の座にあったものは、以前には夢想だにできなかった大きな統制力を、国民の思想に行使しえたのである」

「ラスト・エンペラー」は日本をどう見たか

〈私は一方では関東軍の指揮に従ってその力に頼りながら、一方では「宵《しょう》衣《い》旰《かん》食《しょく》（未明に起き、日が暮れてから食うこと。天子が政治にはげむことの形容）」して「元首」の職権を振るいにかかろうとした。しかし、私の「宵衣旰食」は長くは続かなかった。最初のうちはとるべき公務がなかったし、それに続いて私は「執権」の職務とは紙に書かれたものに過ぎず、私の手にはないということを発見したからである〉

出典：愛新覚羅溥儀著『わが半生（下）』（大安、一九六五年）

解説

満州国は、清朝最後の皇帝愛新覚羅溥儀を「執政」として一九三二年に成立。国務院総理（首相）に鄭孝胥が就任。一九三四年溥儀が皇帝に即位。しかし、実態は完全な傀儡政権。前掲書から関連箇所をさらに引用する。

「『満州国組織法』のうち、第一章『執政』は全部で一三条あり、各条に私の権限が規定されていた。第一条は『執政は満州国を統治する』であり、第二条から第四条までには、私が『立法権を行使し』『行政権を執行し』、『司法権を執行する』ことが規定され、以下各条には…（中略）…『陸海空軍を統帥する』等々が規定されていた。が、実際は、私には自分の外出を決定する権利すらなかった。

ある日、私はふと外に散歩に行こうと思いたった。そこで婉容《ワンロン》と二人の妹を連れて、私の年号をとって命名された『大同公園』に行った。ところがなんと公園に入ってまもなく、日本の憲兵隊と『執政府警備処』の自動車が追いかけてきて、私に帰ってくれと言った。彼らは私が執政府にいないのを発見すると、すぐに日本の憲兵司令部に知らせ、憲兵司令部は大量の軍隊と警察をいたる所に出動させてさがさせ、町じゅう大騒ぎになったのである。ことがかたづいてから、執政府顧問官の上角利一は、…（中略）…今後、…（中略）…私は決して勝手に外出してはいけない、と言った。それ以降、…（中略）…私は一度も正門を出たことがなかった」

「私が『公務』について問いかけると、彼等は『次長が処理しております』と答える。…（中略）…次長は日本人で、彼等は私を訪ねて来なかった」

ソ連のスパイは「二・二六事件」をどう見たのか

〈(二・二六事件後)どのようにして改革が行われようとも、日本の軍は――露骨にか、またはわずかにカモフラージュされたにしても……(中略)……――指導権を自分達の手中に握るであろうが、このさい彼らは、彼らと同じ気持ちのいわゆる「新官僚」と手を握ってこれを行うであろう〉

出典：リヒアルト・ゾルゲ著「一九三七年一月一〇付ドイツ紙掲載論文」
(マリヤ／ミハイル・コレスニコワ著『リヒアルト・ゾルゲ』朝日新聞社、一九七三年)

解説

二・二六事件は、一九三六年二月二六日陸軍青年将校らが一四八三名の下士官兵を率いて起こしたクーデター未遂事件。岡田首相、鈴木侍従長(重傷)、斎藤内大臣(死亡)、高橋大蔵大臣(死亡)、渡辺陸軍教育総監(死亡)、牧野前内大臣を襲撃した。総理大臣官邸、警視庁、内務大臣官邸、陸軍省、参謀本部、陸軍大臣官邸、東京朝日新聞を青年将校が一時占拠した。リヒアルト・ゾルゲは一九四一年一〇月にいわゆる「ゾルゲ事件」で逮捕され、後に処刑されたソ連のスパイ。ゾルゲの見解を前掲書からさらに引用する。

なお『日米開戦へのスパイ』において、ゾルゲ事件の本質は「近衛首相追い落としが目的」と筆者は記述した。

「今年は軍人を主とした『全体主義的国家』の支持者と、既存の半議会主義的制度の支持者との間の論争によって、その大部分が過ごされてしまった」

「政党と軍との争いが、日本ではここ数十年間行われている。…（中略）…今年の二月二十六日までは、この闘争が、誰が権力を握るかの闘争に関してはほとんど全く行われなかった。二つの主要な競争相手の間には、常に彼らよりも一段と高いところにいる『元老』というものが存在していた。『元老』の任務は、時と情勢を考慮して、おたがいに競争しているグループのいずれかに行政をまかせることのなかにあった」

「一九三六年二月二十六日に発せられた弾丸は、中間的存在としての「元老」と政党に対して向けられたものであった。『元老』の打倒は達成された。

政党を完全に打倒する――憲法の手段によって――ことが、ここ数か月間、軍部が執拗に提起し続けている要求である」

「小さな国で、兵力は不足」毛沢東の対日観

〈敵が占領している地域はひじょうに広い。だがかれらの国は小さな国であり、兵力は不足し、占領地域には、沢山の空隙をのこしている。したがって、抗日遊撃戦争は、主として、内線（敵に包囲されている内側）で正規軍の戦役的作戦に呼応するのではなくて、外線で単独で行う作戦とな（る）〉

出典：毛沢東著「抗日遊撃戦争の戦略問題（原文は一九三八年五月作成）」（『毛沢東選集第三巻』三一書房、一九五二年）

解説

毛沢東は一八九三年生まれ。長征、日中戦争を経て党内の指導権を獲得し、一九四五年より中国共産党中央委員会主席。前掲書より関連箇所をさらに引用する。

「遊撃戦争の戦略問題は、次のような状況のもとで発生したものである。中国は小さな国でもなく、……（中略）…大きくて弱い国である。この大きくて弱い国が、他の小さくて強い国から攻撃をうけている。だが、この大きくて弱い国は、逆に、進歩しつつある時代におかれているのであって、すべての問題が、ここから発生している」

「われわれの敵は、まだ元朝が宋をほろぼし、清朝が明をほろぼし、イギリスが北アメリカやインドを

占領し、ラテン系の諸国が中南米を占領したのとおなじような甘い夢をみているのであろう。だがそんな夢は今日の中国では、もはや現実性をもつものではない。今日の中国は、さきにのべたような、いままでの歴史にはなかったいろいろなものをもっている。きわめて新しい遊撃戦争もその一つである。もしわれわれの敵がこの点を過小に評価しているならば、かれらはかならず、この点でひじょうに困難にぶちあたるであろう」

「あらゆる軍事行動の指導原理は、すべて、一つの基本原則に基づいている。つまり、できるかぎり自己の力を保存し、敵の力を消滅させることである」

「（一）防御と進攻、持久と速決、内線と外線の関係、（二）兵力の機敏な使用、（三）すべての行動の計画性等考察」

「敵軍は強いとはいえ、その数は多くない。わが軍は弱いとはいえ、その数はひじょうに多い。そのうえ、敵はわが国に侵入してきた異民族であり、われわれは自国で、異民族の侵入に反抗している、という条件をもっている」

意外に読まれていない「東京裁判の判決文」

〈日本軍は平頂山等に到着。村民は「匪賊《ひぞく》」を匿まったことが咎められ、非戦闘員である男女子供を機関銃で射殺した。非戦闘員二千七百名が命を失った〉
〈中国軍に援助を与えたり、与えたと想像されるとその報復として、都市や農村の住民を虐殺する慣行、日本側のいわゆる「膺懲《ようちょう》」する慣行が用いられた。その最も悪どい例は南京の住民の虐殺である〉

出典：『東京裁判判決』（毎日新聞社、一九四九年）

解説

東京裁判は、戦争の勝利国が敗戦国を裁き、勝利国側の戦争犯罪は不問にされているので、公平でないとの見解がある。それは納得のいく論議である。しかし裁判所に提出された残虐行為及びその他の戦争犯罪に関する証拠を見れば、残虐行為の存在自体をすべてにおいて否定することは困難であろう。中国との戦いの中で、非戦闘員に与えた犯罪の源泉は、「暴支膺懲《ようちょう》」の思想で、非戦闘要員の弾圧・殺害につながった。前掲書から関連箇所を引用する。

「この戦争（中国における奉天事件から戦争の終わりまで）は暴支膺懲戦である。この戦争から起こる全ての結果を甚だしく残酷で野蛮なものにして、中国人の抵抗の志を挫こうと、軍指導者は意図したのである（一九三九年七月二四日付中支派遣軍参謀長の情勢判断等）」

「日本と中国には戦争状態が存在しないこと、日本軍に抵抗していた中国軍隊は合法的な戦闘員ではなくて、単なる匪賊であることを日本の軍部は主張した」

「（南京事件）一九三七年一二月一二日の夜に日本軍が南門に殺到するに至って、中国軍のほとんどが撤退などし、一三日の朝日本軍が南京に入った時には抵抗は一切なくなっていた。日本兵は市内に群がって様々な虐殺行為を犯した…（中略）…。日本側が市を占領した最初の二、三日の間に少なくとも一万二千人の非戦闘員である中国人男女子供が死亡した…（中略）…。全市の三分の一が破壊された…（中略）…男子の一般人に対する組織だった殺戮は中国兵が軍服を脱ぎ捨てて、住民の中に紛れ込んでいるという口実で行われた。兵役年齢にあった中国人男子の二万人はこうして死んだことが解っている」

「真珠湾攻撃は自殺行為」と見抜いていた米国

〈日本が一九四一年に下した米国攻撃の決断はまったく合理性に欠け、ほとんど自殺行為であったと考えられている。アメリカは日本の十倍の工業生産力を持っていた。もちろん日本がアメリカ本土を攻撃することなどできるものではない。そんな国と戦って日本は勝算があると考えたのだろうか。太平洋方面の戦争でわが国と戦えば負けることはわかりきったことだった〉

出典：ジェフリー・レコード著『アメリカはいかにして日本を追い詰めたか』（草思社、二〇一三年）

解説

ジェフリー・レコードは米国陸軍大学戦略研究所教授。著書『アメリカはいかにして日本を追い詰めたか』には、グラス・ラブレース（国陸軍戦略研究所所長）が次の序文を寄せている。

「日本が我が国と戦うと決めた歴史的事実を一体どう説明したらよいのだろうか。日本人はどれだけ分の悪い戦いになるか、わかっていたのだろうか。彼らは、いかに勝利を収めるかのビジョンがあったのだろうか。少なくとも負けを回避する方策を持っていたのだろうか。それとも受け入れることのできない和平よりも、戦って敗れた方がいいとでも本気で考えたのだろうか」

当然の問である。レコード氏はこの問に答える形で、「日本が何故我が国との戦争を決断したかを正しく理解するためには、一九四一年秋の段階で、日本には戦争の決断以外にどのような代案があり得たかを検討してみなくてはならない。当時の日本にとって、わが国と戦うという決断以外に残された道は二つしかなかった。真綿で首を絞められるような経済的な窒息死を甘受するか、アジア大陸に築いた帝国領土を放棄するかの方途しかなかったのである」としている。

レコード氏は「太平洋戦争の原因は日本の東アジアにおける武力侵略である」としつつも、「真珠湾攻撃に至る道筋をつけてしまったのはアメリカ自身の責任もある。そして同時に日本の誤算もあった」としている。この本ではチャーチルが「自国の安全を確保するためには、米国の参戦が必要である」と考えていたことを紹介したが、日本を戦争に追い込んでいった米英と、それを全く理解していなかった日本の情勢認識の甘さがある。

「真珠湾攻撃」を喜んだチャーチル

〈十七カ月の孤独の戦闘と、恐るべき緊張裡に私の責任を果たした十九カ月の後に、われわれは戦争に勝つたのであった。イングランドは活きるであろう、ブリテンは活きるであろう、英連邦と英帝国は活きるであろう。戦争がいかに長く続くか、どんな風に終るか、誰にもわからなかったし、その時、私にはそんなことはどうでもよかった〉

出典：チャーチル著『第二次大戦回顧録（一二）』（毎日新聞社、一九五二年）

チャーチルは、一八七四年生まれ。第二次大戦中の英国首相。著書『第二次大戦回顧録』はノーベル文学賞を受賞。同書より関連箇所をさらに引用する。

「(真珠湾攻撃を契機に) われわれは長いわが島の歴史において――いかに打ちのめされ、ずたずたにされようとも――安全に、勝者として浮び出ることであろう。われわれは抹殺されないであろう。英国の歴史は終わらぬであろう。われわれは個人としても死なずにすむかも知れない。ヒットラーの運命は定まった。ムッソリーニの運命は定まった。日本人に至っては、微塵に砕かれるであろう。あとはただ圧倒的な力を適当に使うだけのことであった。全生命と余力を持って結ばれた英帝国、ソ連、そして今や米国は、私の見るところによれば、敵の力の二倍、又は三倍であつた。いうまでもなく長くはかかるであろう」

「とんまな人間は…(中略)…米国の力を割引して考えるかも知れなかった。米国は軟弱だといったものもあり、米国人は決して団結しないであろうというものもあった」

「私は予てから、死にもの狂いの最後の一インチまで戦い抜かれた米国の南北戦争を研究していた。米国人の血は私の血管に流れている (注:チャーチル氏の生母は米国人)。三十年以上前に、エドワード・グレイ (訳注:第一次大戦中の英国外相) が私にいったことを私は思つた。米国は『巨大なボイラーのようなものである。その下に火がたかれると、つくり出す力には限りがない』というものであった。満身これ感激と興奮という状態で私は床につき、救われて感謝に満ちたものの眠りを眠った」

「日本に先に撃たせる」は米国の作戦

〈当面の問題は、われわれがあまり大きな危険にさらされることなしに、いかにして、日本側に最初の攻撃の火蓋《ひぶた》を切らせるような立場に追い込むか、ということであった〉

出典：ヘンリー・スチムソン著「スチムソン日記（一九四一年一一月二五日）」（『太平洋戦争秘史』毎日新聞社、一九六五年）

解説

ヘンリー・スチムソンは一八六七年生まれ。第二次大戦中は陸軍長官。『太平洋戦争秘史』より関連箇所をさらに引用する。

「一一月二五日の正午にマーシャル将軍と私（スチムソン）はホワイトハウスに出かけたが、会議は午後一時半までかかった。ハル（訳注：国務長官）、ノックス（訳注：海軍長官）、マーシャル（訳注：陸軍参謀総長）、スターク（訳注：海軍作戦部長）および私が参会者だった。大統領は欧州戦に参加の場合の国家行動（ビクトリー・パレード）をとりあげずに、本日は対日関係だけを議題にした。大統領は『日本人は元来警告せずに奇襲をやることで悪名高いから、米国はおそらくつぎの月曜日――一二月一日――ごろに攻撃される可能性がある』、と指摘して、いかにこれに対処すべきかを問題にした。当面の問題は、われわれがあまり大きな危険にさらされることなしに、いかにして、日本側に最初の攻撃の火蓋《ひぶた》を切らせるような立場に追い込むか、ということだった。（スチムソン日記一九四一年一一月二五日）」

「私（スチムソン）はハルに暫定協定はどうなったかとたずねた時、彼は…（中略）…『私はもう日米交渉から手を引いたよ。今やこれからは君とノックス君、つまり陸海軍の出る幕だ』と付け加えた。私は別になんの後悔も憂慮も感じなかった（一一月二七日）」

「戦争は回避できた」駐日英国大使の証言

〈彼（駐日英国大使）は異なった政策をとれば、対日戦争は回避できたのではなかろうかという疑念…（中略）…を抱いていた〉

〈（彼の見解に対する反対の）もう一つの考え方は、アメリカの対独戦参戦は連合国の大目的にとり必要不可欠であったので、他方日本参戦を招くという犠牲を払ってもアメリカの参戦が確保されねばならなかったのだというものだった〉

出典：入江昭編『戦間期の日本外交』（東京大学出版、一九八四年）

解説

ロバート・クレイギーは一八八三年生まれ。一九三七年駐日大使として着任。帰国後の一九四三年、「日本の戦争突入は回避できた」という最終報告を提出し、チャーチル首相の激怒を受ける。この文書は長く知られなかったが、機密指定が解除された一九七一年に注目される。入江昭編『戦間期の日本外交』に、D・C・ワット（ロンドン・スクール・オブ・エコノミクス）が「戦争回避は可能であったか」を寄稿しており、以下同書より引用する。

「（クレーギーは）一九四二年夏本国へ帰還すると、彼の任期を回顧して『最終報告』の執筆にとりかかった。…（中略）…最初の草案は一九四二年一〇月二三日、イギリス外務省へ提示された。これは即座に激烈な論議を巻き起こし」た。

「クレーギーの見解では、アメリカ政府は誤った判断に執着していた。すなわちアメリカは日本を「苦境」に立たせており、中国との和平を含め極東の問題解決を日本に断固として迫れば日本はその経済的状況に鑑みて屈服せざるをえない、四年間にわたる日中戦争で消耗している日本は対米戦争を敢行できる状況にはないという判断である」

「クレーギーは、次のように論じた。「一九四一年一二月の実際の世界情勢は…（中略）…『偏見に満ちた日本人』の目にも、はじめてドイツの勝利の見通しが疑わしくみえる状況になった……一九四一年一二月に、南部仏印からの日本軍撤退を含む妥協が日本との間に成立していたならば、対日戦争は不可避ではなかったろう」

クレーギーは米英の（対日）政策の非を告発したのである。米国国務長官ハルが用意した暫定協定案を日本に伝達させなかった。

「日本は二年で勝利」指導部の「勝手読み」

〈(戦後米国が行った調査で、当時の日本人指導部が保持していた考え)
G：民主主義国家としての米国の弱点は、強烈に抵抗する日本の陸海軍人によって与えられる大損害、並びに、連合国の脱落に直面しては、全面的攻勢を維持することが出来ない。従って米国は妥協して、日本が最初に占領した地域の領有を許すであろう〉

出典：「United States Strategic Bombing Survey, Summary Report, (Pacific War)」(http://www.ibiblio.org/hyperwar/AAF/USSBS/PTO-Summary.html)

解説

一九四五年八月一五日トルーマン大統領は対日戦における空襲の効果について調査を命ずる。調査委員会の定員は文官三〇〇名、将校三五〇名等。この調査報告書は次のような内容を記述しており、如何に、客観的状況と異なる「勝手読み」を日本の指導者達がしていたかが判る。
「開戦並びにフィリピン等に侵攻するという最終的決定は重要な地位にある全陸海軍指揮官並びに政府要人の完全なる意見の一致と積極的な承認によって定められたのである。実際に一九四一年一〇月までに行った次のごとき情勢判断に基づいている。

Ａ　満州側面におけるロシアの脅威は独軍の欧州に於ける圧倒的勝利によって消滅した。
Ｂ　大英帝国は挽回することの出来ないほど守勢的立場にある。
Ｃ　米国およびその連合国が直ちに太平洋に展開しうる兵力、特に空軍兵力は十分に訓練されられ且動員さられた日本軍を阻止することが困難である。三、四か月の内に日本軍はビルマ、スマトラ、ジャワ等それから北にのびて千島に至る線で囲まれる全地域を占領しうる。
Ｄ　ビルマ公路を切断された支那は孤立し和平を乞うであろう
Ｅ　大英帝国の援助にやっきになり、更に真珠湾攻撃により痛撃を受けた米国は来るべき一八カ月乃至二〇カ月のうちには攻撃に十分なる兵力を動員しえない、この期間に円周防御線を堅固に構築し、且必要な前進飛行場並びに基地飛行場を建設することが可能となる。
Ｆ　戦争を継続する米国の決心をにぶらした反面、日本はボーキサイト、油等を獲得し、これらの物資を日本に輸出して加工し日本の生産並びに軍事機構を補給強化しうる」

トルーマンが原爆を投下した「真の目的」

〈当時、私がいちばん考えていたことは、いかに早く太平洋戦争を片づけるかということであった〉

〈沖縄と硫黄島は敵の守備が厳しくて、わが将兵の損害も甚大であった。本土へ近づけば近づくほど、ますます敵が死物狂いの抵抗をすることを知っていた〉

〈ソ連の参戦を速めれば、幾十万幾百万の米国人の人命を救うことになると考えた〉

〈(ポツダム会議での米国)軍事顧問達はソ連が参戦するよう強硬に主張した〉

出典：ハリー・S・トルーマン著『トルーマン回顧録(一)』(恒文社、一九六六年)

解説

ハリー・S・トルーマンは一八八四年生まれ。一九四五年四月から一九五三年一月まで米国大統領。日本と深く関わる。『トルーマン回顧録(一)』からの引用。

「原爆の第一回爆発を知らせる歴史的電報が七月一六日スチムソン陸軍長官から来た」

「陸軍の計画では、一九四五年の秋、日本本土の最南端にある九州に上陸作戦をおこなうことになっていた。さらにこの第一期上陸作戦の後、約四カ月をおいて、第二期の上陸作戦をおこなう。これは第八、第十軍、さらに欧州から転用される第一軍が東京近くの関東地方に対して実施する。結論として、日本を完全に屈服させるために、一九四六年末までかかるものと思われるというものであった。これは恐るべき想定であり、われわれすべてが、戦闘は激しく、損失は大きいだろうという点で一致した意見をもっていた…（中略）…マーシャル将軍は、敵本土に上陸して屈服させれば、五十万の米国民の生命を犠牲にすると語った。しかし（原爆）テストは成功した…（中略）…原爆を作る考えは、あの有名な俊才アルバート・アインシュタイン博士がルーズベルト大統領に提案したもの」

「原爆が完成しだい、これを敵に使用せよというのが彼ら（軍関係者）の勧告だった…（中略）…どこで、いつ原爆を使用するかの最後の決断は、私にかかってきた」

「スチムソンの幕僚が、日本の中で目標のリストを準備していた。…（中略）…けっきょく四つの都市が目標として選定された。広島、小倉、新潟と長崎であった。この四つの順で最初の原爆目標としてリストに載せられた。しかし落とす時の天候の都合で、後先のやりくりは許されていた」

「国家の制御不能」が起きた背景

〈日本国民がその指導者達を左右できなかったと同様に、指導者達も、急降下の途中で乗客が飛行機を制御することが出来ないと同様に、彼等を危険で動的な力の気流の中へ突き出す力を、どうにも制御出来なかったのだ、ということを推察できる〉〈平和な孤立主義から、軍事的領土拡張論にまで、突如盛り上がった日本の歴史に、過去四世紀に亙る西欧の歴史をそっくりそのまま丸薬に丸めたものである〉

出典：ヘレン・ミアズ著『アメリカの反省』（文藝春秋新社、一九五三年。原書は一九四八年刊）

解説

ヘレン・ミアズは文学フェローシップを得て一九四五年年占領時代の取材に来日。著書『アメリカの反省』（文藝春秋新社，一九五三年、原書は一九四八年に出版）からの引用。

「日本の錯誤点が、天性侵略的な指導層、及び独特に従順な国民に存在していたのではなくて、その実、危機の観念、及び戦争を容易に信じ込ませた国際的及び国内的情勢に在った事実が、益々蓋然性を帯びて来るにつけ、問題の焦点が移動する。日米双方に於いて敵役を演じたのは『危機状態』であった……（中略）…。この危機は複雑である。これは産業革命と機械力時代の線に沿って発達した未解決の、経済的、社会的、及び心理的諸問題の混合物である」

「悠長なローマ時代には、一国家が帝国建設の興亡を一循環するには、興隆、衰亡のいずれにも、何世紀かの歳月を要したが、今日では、一国民が出発点から飛び出して、一強国になるのに、五〇年の歳月で足り、またそれに続く四〇年に一国民として滅亡してしまう。組織され、機械化された力が、航空機にせよ、国民にせよ、素早く上昇させるように、それはまた、迅速に彼等を降下させる」

「日本人は機械力時代に遅れをとらじと頑張ったが、如何せん、地理、資源及び財政的不足等の無数の要因により、機械的、経済的標準に於けると同様、心理的にも、装備不十分だった。それ故、その究極的墜落は不可避であり、大部分の日本人にその不可避が感得されており、兇悪なヒステリイで彩ったのである」

「（占領＝感化院では）刑吏を正義の士と見る限り、虐待を受けることはない」

番外編：「宮澤賢治」を中国が評価する理由

【宮澤賢治（一八九六―一九三三）「雨ニモマケズ」】

雨ニモマケズ　風ニモマケズ　雪ニモ夏ノ暑サニモマケヌ　丈夫ナカラダヲモチ
慾ハナク
決シテ瞋ラズ　イツモシヅカニワラッテヰル　一日ニ玄米四合ト
味噌ト少シノ野菜ヲタベ　アラユルコトヲ　ジブンヲカンジョウニ入レズニ
ヨクミキキシワカリ　ソシテワスレズ
野原ノ松ノ林ノカゲノ　小サナ萱ブキノ小屋ニヰテ

東ニ病気ノコドモアレバ　行ッテ看病シテヤリ
西ニツカレタ母アレバ　行ッテソノ稲ノ束ヲ負ヒ
南ニ死ニサウナ人アレバ　行ッテコハガラナクテモイヽトイヒ
北ニケンクヮヤソショウガアレバ　ツマラナイカラヤメロトイヒ
ヒトリノトキハナミダヲナガシ　サムサノナツハオロオロアルキ
ミンナニデクノボートヨバレ　ホメラレモセズ　クニモサレズ
サウイフモノニ　ワタシハナリタイ

解説

北京大学総長銭稲孫氏訳の「雨ニモマケズ」は昭和十六年に北京の近代科学図書館から発行された「日本詩歌選」に載った（『修羅はよみがえった』（宮沢賢治没後七十年「修羅はよみがえった」刊行編集委員会、二〇〇七年）。時代は戦後になるが、一九五四年生まれの王敏による『謝々！宮沢賢治』では、「『雨ニモマケズ』の衝撃」の項で、「雷鋒」と宮沢賢治を比較している。

雷鋒は人民解放軍で献身的に働き、事故により二二歳の若さで亡くなったが、毛沢東が「雷鋒に学ぼう」と述べたことで、大衆運動のシンボルとなった人物である。

王敏は雷鋒精神と似たものを「雨ニモマケズ」に感ずるが、両者の違いを述べている。

宮沢賢治を「他人の評価をものともせず、ひたすら自分だけで行動していく」としている一方、「雷鋒の場合には、終始、組織の中での献身行動だった。要求された通りに行動し、評価された。いい換えれば、決まったレールの上を走り、情熱的に行動した」。一方、賢治については「終始一匹狼」だったと位置付けている。

日本の繁栄も衰退も「米国のしわざ」説の真偽

〈日本が近代国家として興隆していった姿は、目撃者を驚かせるものであった。それは誰が予想したよりも急速で、果敢で、順調であり、しかも最後には、誰も予想しなかったような狂気にかられ、残忍となり、みずから破滅していったのである。ふりかえれば、近代日本の登場はアメリカの軍艦とともに始まり、アメリカの軍艦とともに終わった（降伏文書に署名）九三年間の夢のようであった〉

出典：ジョン・ダワー著『敗北を抱きしめて』（岩波書店、二〇〇一年）

解説

ジョン・ダワーはマサチューセッツ工科大学教授。著書『敗北を抱きしめて』はピュリツァー賞を受賞。その引用。

ダワーは日本の動きを国際政治との関連で捉え、「一九二〇年代から一九三〇年代、世界が恐慌と動揺の時代へ突入すると、この国の指導者たちは、アジアの市場と資源を支配するため、ますます熱狂的な努力を傾け、世界の混乱に対処しようとして、かえってみずから世界の混乱を助長していった。『大日本帝国』はまるで怪獣の姿をした染みのように拡大していった」としている。

戦中の日本人の動きは狂信となり「天皇の聖戦の栄光と、忠勇なる陸海軍兵の不敗をたたえるバンザイの叫びは、国の内外の無数の地点で、天を衝いた。詩人が、僧侶が、そして宣伝屋達が、こぞって『大和民族』の優秀さと、偉大なる皇運を誉めたたえた」と指摘した。

日本は敗北へと突き進む。その原因について、「日本人は乱暴の限りをつくしたが、中国人の抵抗力がいかに柔軟で不屈であるか、そして合衆国が長期の戦闘で発揮する精神的・物質的な底力がどんなものかについてひどい誤算をおかしていた」としている。

そもそも米国は開国を自国の有利と判断したが、日本の変化により「ペリー提督はビンを開けて一匹の妖精をだしてしまった。そして今やその妖精は血にまみれた怪物になった」とみなすに至っていた。

結末について「大東亜共栄圏のもっとも明確な遺産は、死と破壊であった。中国だけで、おそらく一五〇〇万人が死んだ。約三〇〇万人の日本人と、大日本帝国のすべてが失われた」と記載した。

第一一章　米軍による占領時代

第二次世界大戦の欧州戦線での戦争は、いつ終わったのか。一九四一年五月七日、ドイツ軍ヨードル大将が降伏文書に署名した時である。では日本が参戦した第二次大戦はいつ終わったのか。

日本人は何の疑問もなく、一九四五年八月一五日という。天皇がポツダム宣言を受諾する意向を示した日である。だが本当にこの日で戦争が終わったのか。

そうではない。欧州戦線と同じように太平洋戦争が終わった日も降伏文書に署名した日である。

米国のトルーマン大統領は、九月二日の降伏調印式の直後、ラジオ放送を行ない、その日を「対日戦争勝利の日」と宣言した。そして「われわれは真珠湾攻撃の日を記憶するように、この日を『報復の日』として記憶するだろう。この日からわれわれは安全な日をむかえる」と述べた。英国のチャーチル首相もほぼ同様に発言をしている。

日本は重光外務大臣と梅津参謀総長が一九四五年九月二日、東京湾上の米国戦艦ミズーリ号で降伏文書に署名した。日本が戦争を終えたのは一九四五年九月二日である。

何故、日本は、戦争を終えた日を九月二日としなかったのか。降伏文書に署名した事実を出来るだけ知られたくないからである。降伏文書には、「日本のすべての官庁および軍は降伏を実施するため、連合国総司令官の出す布告、命令、指示を守る」「日本はポツダム宣言実施のため、連合国総司令官に要求されたすべての命令を出し、行動をとることを約束する」と記されている。

占領時代の首相はどう行動したか。代表例として吉田茂の次の文章を見てみよう。

「私は戦争が終わって外務大臣に任命されたとき、総理大臣であった鈴木貫太郎氏に会った。そのとき鈴木氏は『負けっぷりも、よくないといけない。鯉はまな板の上にのせられてからは、庖丁をあてられてもびくともしない。あの調子で、負けっぷりをよくやってもらいたい』といわれた。この言葉はその後、私が占領軍と交渉するにあたっての、私を導く考え方であったかもしれない」（『激動の百年史』）

占領体制下、吉田首相と緊密な関係を持った人物に、GHQで参謀第二部（G2）部長として諜報・保安・検閲を担当したウィロビーがいた。ウィロビーは著書『知られざる日本占領　ウィロビー回顧録』のなかで、吉田とどのような形で接触していたかを、犬丸徹三・帝国ホテル社長の談話を引用する形で書いている。

「ウィロビーはたいへんな吉田びいきだったねえ。帝国ホテルの部屋へ、吉田さんは裏庭から忍ぶようにしてやって来たりしたよ。裏階段を登ってくる吉田さんとバッタリということが何度もあったな」

吉田首相が米国とどの様に相対したかの評価は、単に吉田首相一人をどう評価するかという問題にとどまらない。戦後の日本に多大の影響を与えていく。

なぜマッカーサーが絶対的権力者となったか

〈一つの国、一つの国民が終戦時の日本ほど徹底的に屈服したことは、歴史上に前例をみない。日本人が経験したのは、単なる軍事的敗北や、武装兵力の壊滅や、産業基地の喪失以上のものであり、外国兵の銃剣に国土を占領されること以上のものですらあった。幾世紀もの間、不滅のものとして守られてきた日本的生き方に対する日本人の信念が、完全敗北の苦しみのうちに根こそぎ、くずれ去ったのである〉

出典：ダグラス・マッカーサー著『マッカーサー回想記（下）』（朝日新聞社、一九五四年）

解説

ダグラス・マッカーサーは一八八〇年生まれ。一九四五年九月から五一年四月連合国軍最高司令官。前掲書から関連箇所を引用する。

「私は日本国民に対して事実上無制限の権力をもっていた。歴史上いかなる植民地総督も、征服者も、総司令官も、私が日本国民に対してもったほどの権力をもったことはなかった」

「同時に近代において被征服国の軍事占領が成功したためしはないということも、私にはよく解っていた」

「軍事占領というものは、長く続き過ぎたり最初から慎重に警戒することを怠ったりすると、どうしても一方はドレイになり、他方はその主人公の役を演じはじめる」

「まず軍事力を粉砕する。次いで戦争犯罪者を処罰し、代表制に基づく政治形態を築き上げる。憲法を近代化する。自由選挙を行い、婦人に参政権を与える。政治犯を釈放し、農民を解放する。自由な労働運動を育てあげ、自由経済を促進し、警察による弾圧を廃止する。自由で責任ある新聞を育てる。教育を自由化し、政治的権力の集中排除を進める。そして宗教と国家を分離する」

「私は五年以上もの期間、日本改革の仕事ととりくむこととなった。私の考えていた改革案は、けっきょく全部実現した」

「私が一貫して、……（中略）……日本国民を公正に取扱うことを強調していることがわかってくるにつれて、日本国民は、私を征服者ではなく、保護者とみなしはじめたのである」

「日本国民は物的な行政だけでなく、精神的な指導を必要としている、と私は感じた」

「日本軍の残虐行為」が発生した理由

〈(南京の大虐殺やバターンの死の行進がどうして可能だったか)日本人は孤独に弱く、慣れた人間集団や環境から離れるとパニックに陥りやすい。また国内での道徳観と旅先での道徳観とは違う。…(中略)…どちらにしても、戦場の異常心理から自然発生的に生まれたもの(だ)〉

出典:ロゲンドルフ著『和魂・洋魂』(講談社、一九七九年)

解説

ロゲンドルフはドイツの神父で一九〇八年生まれ。一九三五年に来日。戦後に上智大学教授をつとめる。前掲書から関連箇所を引用する。

ロゲンドルフは「日本経済がこれほどめざましく復興するとは思っていらっしゃらなかったのですね」と問われ、次のように語っている。

「思っていなかった。四十年にわたる滞日で感じるのは、戦前、戦中、戦後を通じて、日本人があまり変わっていないということですよ。変わらなかったため、明治維新という奇跡と同じように終戦後の経済復興もなしとげたのだと思いますよ。だが、終戦直後の東京の廃墟ときたら、想像を絶していたからね」「食わないところは他人に見せないで、ひとり淋しく死んでいく。つまり、人にみられないように、丁寧に、飢え死にしてしまう」

更に占領軍に敵対的でなかったことについてこう答える。

「日本人はね、口では何とかいっても、実際のアメリカ人に出会うと、悪意を持ち続けられない国民ですよ。こういうのは全アジアで日本だけ」

どうしてでしょうか、との問いに、「フランシスコ・ザビエルがすでにそういっている。日本人は『人様』というように他人に『さま』をつけるでしょう、他の人間に対する暖かみがある。つまり、生きている人を見ると、抽象論は不必要になってくる」と答える。

さらに日本の軍人については、「日本の軍人は教養がたりなかったし、歴史意識が欠けていて狭量だった」と評価している。日本人については、「雑踏の中でも人の足を踏まずに歩くコツ。出来るだけ人を傷つけないように暮らす、それが日本人だ」と説明している。

戦後東京の知られざる「悲惨」

〈敗北の東京は勝者の占領軍には天国だったが、……(中略)……占領下の敗者にとっては、地獄だった。大空襲の炎をくぐって生き延びた三百万の東京都民はもとのままの防空壕や焼跡に出現したバラックの中で、穴居人の生活を送っていた。戦後のベルリンにはまだ、廃墟があったが、東京には、廃墟とよべるものすらなかった。東京の果てしれぬ広がりに残ったものは、灰と、ゆがんだ金属板の荒野か、黒焦げの木々だけが突き立っている丸坊主の丘だった〉

出典：ロベール・ギラン著『アジア特電』(毎日新聞社、一九八六年)

解説

ロベール・ギランは一九〇八年パリ生まれ。一九三八年アヴァス通信社の特派員として訪日。戦前、戦中（一時軽井沢に軟禁される）、戦後（ル・モンド紙の特派員）の日本を経験したほぼ唯一の外国人記者。前掲書から関連箇所を引用する。

ギランは戦中、日本で記者生活をしていただけに、日本の敗戦の惨状を強く受け止めている。「気力も数々の希望も、自尊心も地に墜ちていた」「一千年というもの、日本は人目につかずに世界の周縁で過してきただけに、半世紀間のその飛躍は一層目を見張らせるものがあった。従ってその失墜も、ますます無残にならざるを得なかった。それに日本は、今日にいたるまで諸民族のあいだにあって、一種の処女性を保っていた。外敵の侵略を受けたことはなかったのである。日本にとって米軍の上陸は凌辱だった」

敗北によって、日本人はかつての敵、今占領者を抵抗なく受け入れたことに驚く。「(一部の人に見られた)敗北の拒否は、怒りや復讐の欲求と同様に、この国の一般的な反応ではまったくなかった。日本人の心に涌きあがり、至る所で噴出していた感情ははかりしれぬ安堵の念である。うらみは米国人には向けられず、自分たちをこれほど長いあいだ押さえつけていた日本の軍部に向かう」

そして彼は新たな国民性を発見する。

「歌舞伎にある回り舞台さながら、陰鬱ないくさの場面は突如引っ込められ、桜花爛漫の日本にとって代わった。武士のゆがんだ笑いのあとでは日本的な微笑。新しい日本が前舞台に登場し、一見、昨日の日本とは連続性が欠けている。この変身に裏切りのかけらもない。この国民は『インスタント族』であっていわば『振り子のように動く』のだ」

「ここにデモクラシイが成長する望みはない」と言った米国人

〈デモクラシイが一国の国民の中から萌え出でたものでなく征服者の事務室から発出したものなら、それはデモクラシイではありえない〉〈この国は依然として封建国家で、古い構造が打破されない限り、ここにデモクラシイが成長する望みはない〉

出典：マーク・ゲイン著『ニッポン日記（下）』（筑摩書房、一九五一年）

解説

マーク・ゲインは一九〇二年生まれ。一九四五年一二月から一九四八年五月まで日本に滞在し、連合国軍最高司令官総司令部（ＧＨＱ）による間接的占領統治の内幕を記した『ニッポン日記（上・下）』を離日後に刊行。関連箇所をさらに引用する。

「（一九四五年）一二月五日（着陸した厚木から）横浜に近づくにつれ損害の重大さがはっきりして来た。見渡す限り、一面の廃墟だった。石屑の山を掘り返して、新しく小舎を建てる空地を作ろうとしている者もあれば、煉瓦や木材を山と積んだ荷車を押したりしている者もいた。だが破壊の跡は余りにも広く、こうしたあらゆる努力も役立ちそうには見えなかった…（中略）…ここはまさに人間がこしらえた砂漠だった」

「総司令部の各部局を一めぐりしてみたが、私と話し合った人は、歴史上最大の実験と将来称されるであろう仕事、すなわち敗戦国の再形成という仕事に皆没頭していた。人間の熱狂性というものはとかく伝染するものらしい。彼等は困難な戦争をその醜さに飽きはてるまで戦い続けてきた。今彼等は自分自身を、そして敵を洗い清めつつある様な感じを抱いている。『改革者』は総司令部に充満している。新しい民主日本の設計図の作業に若い人達が働いている各ビルは、いずれも夜遅くまで電燈を明々灯している。人民の権利に対する制限の大部分は既に撤廃され、同時に特高警察を含む色々な抑圧機関も廃止された。アメリカ人達は今新しい指令の数々を研究している。既に破壊されたものも沢山あるが、この国は依然として封建国家で、古い構造が打破されない限り、ここにデモクラシイが成長する望みはない」

「日本は出来の悪い生徒」憲法を書いた米国人の本音

〈(憲法制定過程は)簡単に言えば、出来のわるい生徒(日本)の試験答案を先生(連合国側)が書いて、それを口を拭って生徒が書いたとして提出して及第点を貰おうというようなものだ〉

〈お濠端を歩いて不思議な思いに駆られた。「あなた(日本の女性)の未来は今私が書こうとしている事柄で決まるのよ」〉

出典：ベアテ・シロタ・ゴードン著『一九四五年のクリスマス―日本国憲法に「男女平等」を書いた女性の自伝』(朝日新聞出版、二〇一六年)

解説

ベアテ・シロタ・ゴードンは一九二三年生まれ。五歳の時、国際的に著名なピアニストであった父が東京音楽学校ピアノ教授になり、父について来日。父は山田耕筰や近衛秀麿等と交流。戦後連合国総司令部要員として再度来日する。占領時代の様子を、著書『一九四五年のクリスマス―日本国憲法に「男女平等」を書いた女性の自伝』において、連合国側が憲法作業に従事する様子を下記のように記す。

「(一九四六年二月四日月曜)民生局の朝鮮部を除く全員二五人に、局長のホイットニー准将から隣の会議室に集まるよう命令がきたのは、午前一〇時だった。……(中略)……ホイットニー准将はすぐに現われた。…（中略）…『諸君は、さる二月一日の毎日新聞がスクープした日本政府の憲法草案について、知っていることと思う。その内容は明治憲法とほとんど変わるところがない。総司令部としてとても受け入れることはできないものである』。

そしてホイットニー准将は、『マッカーサー・ノート』と呼ばれる三原則を示す。

一：天皇は、国のヘッド（最上位）の地位にある。皇位は世襲される。天皇の職務及び権能は、憲法に基づき行使され、憲法に示された国民の基本的意思に応えるものとする。

二：国権の発動たる戦争は廃止する。日本は、紛争解決のための手段としての戦争、さらに自己の安全を保持するための手段としての戦争をも、放棄する。…（中略）…日本が陸海空の軍隊を持つ機能は、将来も与えられることはなく、交戦権が日本軍に与えられることもない。

三：日本の封建制度は廃止される（貴族、華族に言及）

「日本の民主主義はニセモノ」と言える理由

〈一九四五年の降伏につづく諸事件をも徳川幕府の打倒以後の時期と比べてみることは一つの点で適切である。すなわちいずれの場合にも人民は改革運動を自ら開始することをせず、かえって、根源的な力は上から来たこと、初めはそれが軍事官僚であり、現在では最高司令官および占領軍である〉

出典：ハーバート・ノーマン著『ハーバート・ノーマン全集（二）』（岩波書店、一九七七年）

解説

ハーバート・ノーマンは一九〇九年カナダ人宣教師の子として軽井沢町で生まれる。カナダの外交官。一九四五年GHQに対敵諜報部課長。『ハーバート・ノーマン全集』（岩波書店、一九七七年）に収録の論評「日本民主化の進展」（一九四六年三月ニューヨーク外交協会における講演の概要）より関連箇所をさらに引用する。

「現在日本で遂行されている改革を永続させ、深く根づかせるような伝統に何があるのかを観ておくことが適切であると思われる。別の言葉で言えば、軍国主義、官僚制、民衆の従属性、確固とした知的均一性の日本とは別にもう一つの日本があるかということでもある」（「敗戦直後の日本の政治」ノーマンの死後に発表された論文より）

「多年にわたって積極的な政治活動から排除されていたため、日本国民は村落や近隣集団は別にして、自主政治（セルフガバメント）の経験を持っていない」

「降伏後の日本の政治状況（一九四五年一二月まで）と一九一八年の降伏後のドイツとの比較（類似点の考察（この時期ノーマンは占領軍総司令部の対敵情報部調査分析課長）。

一：反動勢力に対抗する強力な民衆運動の不在、

二：頑迷な反動勢力による敗戦の犠牲羊《スケープゴート》の探求。ドイツではそれがユダヤ人、マルクス主義者であった。日本では朝鮮人、共産党である可能性がある。

三：人民を欺くため、反動勢力による自由主義的、民主主義的スローガンの使用。ドイツにおいては「議会主義」という言葉。日本においては「民主的」という言葉。

四：寡頭支配体制が一部の構成員を犠牲にして他の者を助ける企て。日本では軍閥が犠牲」

「日本人は奴隷」マッカーサーが強調したワケ

〈(大学総長のトルーマン大統領への報告)日本人は事実上、軍人をボスとする封建組織の中の奴隷国であったこと。そこで一般の日本人は、一方のボスのもとから他方のボスすなわち現在のわが占領軍のもとに切り換わったわけである。彼らの多くの者にはこの切り換えは、新しい政権のもとに生計が保たれていければ、別に大したことではないのである。マッカーサー将軍は、この最後の点を強調している〉

出典：トルーマン著『トルーマン回顧録(一)』(恒文社、一九六六年)

解説

トルーマンは米国大統領(一九四五年―五三年)。彼の大統領任期は日本の占領期と重なる。前掲書から関連箇所をさらに引用する。

「日本占領は予想以上に成功した。マサチューセッツ大学の著名な総長カール・コンプトン博士は、戦争中日本の科学者や技術者がどんな進歩を得たかを知るために日本である程度の時間を費やした。帰国するや彼はホワイトハウスに来て、私に占領について、非常に啓蒙的な説明をした。彼にまとめてもらった覚書きの内容は次のとおりである。

私たちは日本人が明らかに憎しみをもたず、また実際に私たちのやることに協力し、援助の手を伸ばしている点のすべてに驚いた。これは次の数個の原因によるものとみる。

一：日本人が劣等感を持っており、彼らはやったことを理解したこと
二：天皇が国民に協力を命じたため、彼らは不名誉ないし不忠という感情なしに協力できたこと
三：日本人は事実上、軍人をボスとする封建組織の中の奴隷国であった事。そこで一般の日本人は、一方のボスのもとから他方のボスすなわち現在のわが占領軍のもとに切り換わったわけである。彼らの多くの者には、この切り換えは新しい政権のもとに生計が保たれていければ、別に大したことではないのである。マッカーサー将軍はこの最後の点を強調している」

「(朝鮮動乱後の対日政策について)、日本にかなりの自治を復活させる。日本の講和会議締結を促進する。日本の自衛力を強化する。自由世界の生産能力をもっと使うようにする。日本の国際機関への加入を促進する」

日本の民主化は「アメリカに強要された」もの

〈日本の「民主化」というのは、正確にいうと何を意味するのか？　…（中略）…人民の大多数の意思による国家の政治という意味でないことだけは、明白に分かつた。…（中略）…（誰かがそれを）何回かにわけて、文書または口頭の指令として、日本人に与えているのであった。日本の指導者たちはもしこれを侵犯すれば解職になるという条件付で、指令を実行するように強要されていたのだ。それ故、日本の民主主義は、実際には日本の専制政治だ〉

出典：オーナー・トレイシー著『カケモノ―占領日本の裏表』（文藝春秋、一九五二年）

解説

オーナー・トレイシーは一九一三年生まれ。第二次大戦開始とともに、英国情報部局で働き、一九四一年情報省で日本専門家として勤務。トレイシーは、一九四八年英国の「タイムズ」特派員記者として日本を訪問し八カ月滞在。『カケモノ―占領日本の裏表』は一九五〇年に英国で発売され、英国図書協会の推薦図書となり、米英でベストセラーとなる。占領下の日本では勿論禁断の書であった。その引用。「慈悲深い専制君主たち（米軍）は、日本人の物事のやり方は間違っていて、自分たちの方が正しいのだという仮定の上に立って、事を進めていたのであった。この人々は、最近の東アジアにおける日本人の狂気沙汰が、歴史的、経済的原因にあるとは考えないで、不思議な考え方だが、日本人は天皇をいだき社会的な階級制度があるとか、婦人は参政権がないとか、日本人は個人の見地から考えないで家族の立場から物を考えるとか、一般に権威に屈しやすいとか、そういうことが原因だと思ったのだ。極端な悪口をいうとこの専制君主たちは『フィユードル』（封建的の意味）だった。日本における万事がホーケン的であった」

「占領の目的は昔のように、敵を押さえつけて武装解除をさせたり、損害賠償をさせたりするのではなくて、被征服者の生活態度を、すっかり征服者の生活態度に見倣わせるように、作り直すことであった。それはお手柔らかな方法であると同時に、かつて一度も試みられたことのないほど、ひどく残忍な方法だった。宗教、芸術、出版、教育、法律、家風等、何一つとして、この侵入者の親心を免れることは出来なかった」

戦後の官僚機構とGHQの「知られざる関係」

〈勝者達は、言葉、文化面で、敗者の社交界に入る許可証を持っていなかったから、既存の統治機構を通して「間接的」に統治するほかにほとんど選択の余地がなかった。マッカーサー元帥による「政府の上の政府」は命令の実行を日本の官僚機構に依存した。そのため二重の官僚機構ができあがった〉
〈アメリカ人たちが去ったあとには日本の官僚組織が存続したわけであるが、それは戦争中よりも強力にさえなっていた〉

出典：ジョン・ダワー著『敗北を抱きしめて』（岩波書店、二〇〇一年）

解説

ジョン・ダワーは、米国の歴史学者。マサチューセッツ工科大教授。米国における日本占領研究の第一人者。『敗北を抱きしめて』は、終戦直後の日本にスポットを当てる。この作品はピュリツァー賞、更に全米図書賞を受賞したことで、如何に高い評価を得たかが判る。

ダワーは敗戦について「敗戦国に対する軍事占領は一九四五年八月に始まり、六年八カ月後の一九五二年四月に終わっている。占領は戦争のほぼ二倍の期間にわたった。この占領の期間中日本は国家主権を失っていた」と述べている。

占領について「米国人達は『非軍事化及び民主化』という、樹木の根と枝の関係に似た改革プログラムを日本に押しつけた。それは独善的で、全く空想的な、あらゆる意味で傲慢な理想主義の、めったにない実例というべきものであった。それから米国人達は、日本を去る時に方向を逆転させた。日本社会の中で自由主義的傾向が少ない連中と協力して、この旧敵国を再軍備し、冷戦の従属的パートナーとしはじめたのである」と評価している。

占領の性格を「占領軍の『アメリカらしさ』は自己矛盾をかかえていた。アメリカ国内で提案されたら、あまりに過激だと思われるであろう『民主主義化』が実行されながら、同時に厳格な権威主義的支配が行われたのであった」と評価している。

天皇の問題については、米側は「天皇の戦争責任だけでなく、天皇の名で残虐な戦争が許されたことに対する道義的な責任さえも、すべて免除しようと決断していた」としている。

こうした矛盾から戦後の日本には「官僚制民主主義」「天皇制民主主義」という矛盾撞着した表現が根づくこととなった、とダワーは述べている。

「日本人は蟻のように働く」ロシアの本音

〈（一九五〇年冬、コワレンコのスターリンへの説明）
日本人は興味深い、独特の国民です。まず何よりも、大の働き者で、蟻のように働きます。労働の中に人生の意味を見出しているような印象をうけます。彼らをせきたてたり、怒鳴りつけたりする必要はまったくありません〉
〈社会的、心理的側面から見ると、多様な社会・経済的、哲学的理念が欠如していることがわかります〉

出典：イワン・コワレンコ著『対日工作の回想』（文藝春秋、一九九六年）

解説

イワン・コワレンコは一九一九年生まれ。シベリアに抑留された日本人捕虜向けの『日本新聞』の編集長を務め旧日本兵の親ソ化工作を行った。その後共産党内部で対日政策に関わる。通常、かかる人物の率直な対日観は表に出てこないが、ソ連崩壊で旧ソ連共産党幹部は苦しい生活に追い込まれたため、前掲書が出版された。

彼はスターリンに、日本の抑留者を強制労働させた時の印象を次のように述べる。「たった一つ彼等に必要なのは、労働課題を具体的に示すことと、作業の仕方を教えてやることです。日本人にとって、労働は創作活動です。同じ作るなら、人が目をみはるような美しい物、隣の者あるいは同僚よりよい物を作ろうとします」

スターリンの質問に「日本人は、清潔好きで、几帳面です。日本人は美的感覚が優れています。新しいものを好み、新しい物、進んだ物を模倣しようとします。資源の乏しい、厳しい環境と困難な生活条件の影響の下に何世紀もかかって培われたものと思われます」

彼は現代社会について、「日本のジャーナリズムは、原則性という点から見ると、米国や西欧社会のマスコミには、はるかにおよばない。一九四五年まで存在していた政府による公然たる圧力や検閲の制度は、今では、世論を欺くために利用される、もっとデリケートな、巧妙な監視方法に取り代られた（広告、内閣広報室、非公然検閲機関となっている記者クラブ等）」と指摘している。

「日本人は戦略が弱い」スターリンが看破

〈貴方が話すのを聞いていると、この国民への尊敬の念が沸いてきます。日本人はドイツ人に似ているようだ。日本人が働き者であり、労働に人生の意味を見出しているというのは、気に入りました。日本の指導者達がこの勤勉な国民を新たな袋小路に連れ込まなければ、この国には大きな未来が約束されていると思います〉

〈日本人は戦術的課題の解決は得意だが、大きな戦略には弱いという印象をうけます〉

出典：イワン・コワレンコ著『対日工作の回想』（文藝春秋、一九九六年）

解説

スターリンは一八七八年生まれ。一九二二年から一九五三年まで、ソ連共産党書記長としてソ連内に絶大な権力を構築する。基本的にスターリンが本音ベースで日本をどう考えていたかは本書でも不明。コワレンコは一九五〇年冬にスターリンと対談し、この時のスターリンの発言を『対日工作の回想』（文藝春秋、一九九六年）の中で記述し、スターリンは日本人全般について次の評価をしている

「日本は、長い間、封建的な幕藩体制の下で国が四分五裂し、鎖国によって、外界から孤立していたので、幅の広い、スケールの大きい考え方を身につけることができなかった」

「経験が私たちに教えているのは、外界及び世界文明との相互関係なしには、国を世界の大道に導き出

し、有力な政治勢力にすることは難しいということです」

日本人の肯定的特徴をスターリンは次のように述べている。

「日本人の組織制、規律正しさ、責任感、年長者への敬意などを私も高く評価する」

「あなた（コワレンコ）の話から、日本人は政治においてリアリストだという印象を受けた」

「日本人は他国の経験を退けず、他国民の文化に親しむことを恥だとは考えない。そのおかげで、封建主義から世界の先進国の仲間入りをするほど躍進できた」

「避けられないことは運命として諦める能力、生き延びるためにパートナーの成果を取り入れて、自分の役にたてる能力、これがこの国民の非凡な素質ではないか」

世界から高く評価された戦後小説『野火』

〈この小説における戦争の扱い方は普遍的なものである。『敵』はアメリカ軍でもフィリピン人ゲリラでもなく、また、日本軍内部の狂乱した軍国主義者たちでもなく、人間生活の不安定な構造を徹底的に破壊するもの、文明の黄金時代をたちまちにして一掃し、潜在的な人類の獣性を表面に浮かび上がらせる崩壊的な力、戦争それ自体が敵軍なのである〉

出典：モリス著「『野火』について」（武田勝彦編『古典と現代：西洋人の見た日本文学』清水弘文堂書房、一九七〇年）

解説

前出のモリスは「『野火』について」の中で彼は、『野火』（一九五一年作）に最大級の賛辞を送っている。

「この作品を戦争小説として読んだ時…（中略）…、『野火』は戦争の暗黒面を取り扱った作品の中でも、もっとも迫力に満ちたものであると、私は感じた。第二次大戦から生まれた作品で、『野火』に比肩し得るのは、私の考えではブリーヴィエの『スターリングラード』とバクスターの『憐れみをもって見くだせ』の二作があるのみである」

『野火』の長所としてモリスは「普遍性」に言及する。

「『野火』に登場する日本兵には、何ら異国風なところも、また不可解なところもない。平々凡々な、むしろ平凡すぎるほどの人間である。ところが偶然にも、一連の耐え難い事件との対決をせまられ、そのため人間から単なる動物へと次第に転落せざるを得ないのである」

モリスの評論の優れた点は、『野火』の中に戦後の日本に潜む新たな好戦的雰囲気を嗅ぎ取っている点である。「『野火』は『反戦』作品とはいえないが、その仮借ない描写によって何か教訓的な意図を伝えているように思われる。大岡氏は『野火』の中で次のように述べている。――この田舎にも朝夕配られて来る新聞紙の報道は、私の最も欲しないこと、つまり戦争をさせようとしているらしい。…（中略）…――あれから約二十年後の今日、大半の政治家と技術者の支持を得、さらに一般市民の黙認を得て、防衛という名目の下で、世界各国の軍人によって新しい恐怖が準備されていることに気付くと、この人たち一人一人に、『野火』を一冊ずつ与え、読ませたい気持ちにかられる」

丸谷才一著『笹まくら』も好戦的雰囲気の復活を暗示しているが、これは敗戦後すぐではなく一九七四年の作品だ。

番外編：「戦後起きたこと」を高村光太郎が智恵子に伝えられない理由

報告（智恵子に）

〈日本はすつかり変りました。
あなたの身ぶるひする程いやがつてゐた
あの傍若無人のがさつな階級が

とにかく存在しないことになりました。
すつかり変つたといつても、
それは他力による変革で
(日本の再教育と人はいひます。)
内からの爆発であなたのやうに、
あんないきいきした新しい世界を
命にかけてしんから望んだ
さういふ自力で得たのでないことが
あなたの前では恥しい。
あなたこそまことの自由を求めました。
求められない鉄の囲《かこひ》の中にゐて、
あなたがあんなに求めたものは、
結局あなたを此世の意識の外に逐《お》ひ、
あなたの頭をこはしました。
あなたの苦しみを今こそ思ふ。
日本の形は変りましたが、
あの苦しみを持たないわれわれの変革を
あなたに報告するのはつらいことです。

出典：高村光太郎著「報告」（『智恵子抄』白玉書房、一九四七年）

〔著者紹介〕

孫崎 享（まごさき・うける）

一九四三年、旧満州国鞍山生まれ。六六年、東京大学法学部を中退し、外務省に入省。情報調査局分析課長、国際情報局長、駐イラン大使などを歴任。二〇〇二年から防衛大学校教授、〇九年に退官。『日本外交 現場からの証言』（中公新書）で山本七平賞を受賞。著書はほかに『日米同盟の正体 迷走する安全保障』（講談社現代新書）、『戦後史の正体』（創元社）、『小説外務省 尖閣問題の正体』（現代書館）など。

日本国《にほんこく》の正体《しょうたい》

「異国《いこく》の眼《め》」で見《み》た真実《しんじつ》の歴史《れきし》

印　刷　2019年9月15日
発　行　2019年9月30日

著　者　孫崎 享《まごさきうける》
発行人　黒川昭良
発行所　毎日新聞出版
〒102-0074　東京都千代田区九段南1-6-17　千代田会館5階
営業本部:03(6265)6941
図書第二編集部:03(6265)6746
印刷・製本　光邦
装　丁　秦 浩司(hatagram)
校　閲　小栗一夫
DTP　明昌堂

ISBN978-4-620-32604-7